地域と繋がる大学

震災から何を学んだか

神戸学院大学

683

中公新書ラクレ

まえがき

停止した塔時計

一九九五年一月十七日早朝、明石海峡を震源とするマグニチュード七・三の大地震が起きた。阪神・淡路大震災である。その瞬間、神戸市内など周辺地域で多くの時計が、発生時間の午前五時四六分を指したまま、時を刻むのを止めてしまった。

兵庫県の明石市立天文科学館の塔時計もその一つである。この塔は、日本標準時子午線である東経一三五度の直上に建設されており、塔時計は日本標準時を刻む時計として知られていたが、地震の衝撃で停止してしまった。その光景は、地震の強さを物語る以上の衝撃を人々に与えた。

いまその時計は塔から外されて、神戸学院大学の有瀬キャンパスにある。

震災後、引き受け手がなければ廃棄されるという新聞記事が出た。これを見て本学の職員が動いた。

「廃棄するのなら、譲っていただけないか」と手を挙げた。

震源地にもっとも近い総合大学として震災を風化させないためにも、象徴的な存在である大時計をキャンパスに置き、地域の共有財産とし、後世に残すことが、大切なことだと思われたからだ。

本学開学の地である有瀬キャンパスは、神戸市の中でも明石市と境界を接し、子午線に隣接している。大時計を地域の方々との共有財産にできるのは、本学しかなかった。

直径六メートル以上、重さにして四トンもある大時計。それをクレーンで吊り上げて外し、トラックの荷台に載せるために文字盤を四つに分割して運び、大学のキャンパスに迎えた。

当時、五時四六分を指したままで保存するか、それとも再稼働させるか議論が分かれた。しかし、時計の針に「前に進む」という思いを重ね、再稼働させることに決めた。

一九九七年三月五日、大時計は、場所を大学キャンパスに移して再び時を刻み始めた。このリスタートは、本学が新しい歴史を刻み始める瞬間とも重なった。

これからの大学が担う役割

神戸港に浮かぶ人口島・ポートアイランドでキャンパスが建っている場所は、かつて日本一の貨物量を誇るコンテナヤードがあった場所である。

震災の後、コンテナヤードは移され、その広大な土地が宙に浮いた。本学にその土地を使わないかという打診があったのは、二〇〇二年頃である。場所的には素晴らしい。神戸の街や海と山の眺めも最高だ。しかし土地購入代や校舎の建設費などを含めると、多額の予算が必要なこともあって、学内の会議でも議論は紛糾した。

思い返すと当時は、大学に求められる社会的な役割が劇的に変化する最中にあった。地域との連携、国際交流などに積極的に関わっていく姿勢が求められていたのである。しかしそうした転換は一朝一夕にできるものではない。新しい大学の在り方を、短いスパンではなく、五十年、百年先を見すえて構築していかなければならない、という状況だった。

また、震災当時は文理五学部の編成であったが、二十一世紀に入る頃には、新学部・新学科の構想が次々に出てきて、有瀬キャンパスだけでは手狭になるという事情もあった。

結果として、神戸の中心近くにキャンパスを新設することによる新たな可能性への期待から、ポートアイランドへの進出が決まったのだ。

そのときに意識したのは、あの大地震の教訓をどう活かすか、大学が社会との関わりの中でどのような役割を果たしていくのかという問題であった。

本書では、その課題に、我々がどのような答えをだしてきたのか、具体的に記している。

〇六年には、「防災、社会貢献」に関わる専門的な人材を育成する教育プログラムがスタートした。現在の「現代社会学部社会防災学科」である。この学科からは、東日本大震災や熊本地震など、多くの自然災害の被災地に教職員・学生を派遣してきた。また、防災教育教材を開発して小中学校での防災出前授業を行うゼミが現れたり、女性の視点から防災や災害時の支援を考え、防災を考え、実践する「防災女子」といった活動にも結びついている。

ここのところ、毎年のように大きな自然災害が起きている。それに的確に対応できる人材へのニーズは確実に高まっているのである。〇五年には、「ボランティア活動支援

キャンパスにある塔時計

室」が開設され、全学生が積極的にボランティアに取り組むための支援サービスを充実させた。

さらに地元の自治体や企業などと共同でプロジェクトを進めていく戦略的連携を担う「社会連携部」も設置された。地元のデパートとイベントを行ったり、菓子メーカーと新しい商品を開発したり、さまざまな社会連携活動が年々活発になっている。

それ以外にも、国際都市・神戸を担うグローバル人材を育成するために、グローバル・コミュニケーション学部を設置した。さらに地域社会の高齢化に備えた総合リハビリテーション学部に加えて、新たな国家資格である公認心理師の養成に対応する心理学部の開設も地域の医療・福祉に関わる人材の育成を意識したものである。

学問のための学問ではない。この時代、そしていまの社会が必要とする、問題解決を図れる人材を育てていこうと考えている。

この本では、震災以降の本学の姿とともに、学生たちが成長するプロセスを描いている。

それによって、人は何によって成長していくのか、何によって生きる喜びを感じられるのかにも気づけると思う。

震災と復興――。復活した塔時計が、常に教育の原点を教えてくれる。

目次

編集協力／西所正道
本文ＤＴＰ／今井明子

地域と繋がる大学

震災から何を学んだか

第一章　阪神・淡路大震災の体験を繋ぐ

被災地で生まれた尊い命

人は、「生まれる日」を自分で決められない。

一九九五年一月十七日、まさに阪神・淡路大震災が起きた日に、この世に生を受けた人がいる。中村翼《なかむらつばさ》さんだ。

中村さんの母親、ひづるさんの出産予定日は一月二十五日頃だった。自宅で安静にしていたとき大地震に見舞われた。自宅は三宮などがある神戸市中央区の西隣、一家が生活する兵庫区の集合住宅も激震となった。

父親の威志さんは本能的に、おなかの赤ちゃんを守るように、ひづるさんに覆いかぶさったという。間もなく火勢が自宅に迫り、避難先である近くの小学校に向かい、到着したときに破水した。

威志さんは病院に連れて行かなければと車を取りに行く。その間、寒さに震えるひづるさんを、同じく避難していた見ず知らずの女性が、「うちの車に入って待っていたら」と誘ってくれ、毛布をかけて介抱してくれた。

間もなく駆けつけた威志さんは、車で中央区内の病院へハンドルを切った。しかし、がれきだらけで大渋滞。交通整理をする警察官に事情を説明すると迂回路に誘導してくれ、やっとの思いで病院に到着した。避難所を出て四時間がたっていた。

病院も停電。暗い中、担当医師が分娩を行う間、懐中電灯を照らして励まし続けた。午後六時二十一分、産声が響いた。のちに「翼」と名付けられる男児が誕生した。ひづるさんは、何度も「ありがとうございました」とお礼をいったという。

ただ、病院は倒壊のおそれがあるという事情から、産湯にも浸からないまま病院を出て、ともかく駆けつけた北区の親類の家で、深夜、ようやく翼さんを産湯に浸からせることができた。

翼さんは、自分が生まれたときのことについて、詳しく聞いたのは大学に入ってからである。

それまでの翼さんは、誕生日を素直に喜べなかった。

「がれきの町で生まれた奇跡の赤ちゃん」などといわれ、中学生になるとメディアから取材を受けることが増える。そのたびに意見を求められた。しかし当時は、震災の日に生まれたことに意味を求められているようで抵抗があった。どんな意味があるかをいくら考えても、答えなどあるはずもなかった。

阪神・淡路大震災は多くの教訓を残した（読売新聞社提供）

あるとき記者から将来の夢を聞かれたが、「震災で身内や友人を亡くした人が自分の発言を読んでどう思うだろう」と考えると、話せなくなった。

高校生になり、震災の日に生まれた自分だからこそできることがあるはずだと思うようになるが、では具体的に何ができるかというと思いつかなかった。

大学進学

中村翼さんは、神戸学院大学法学部に入学する。

震災を深く学ぶため、二〇〇六年にスタートした、学際教育機構「防災・社会貢献ユニット」を選択し、防災教育を専攻した。

このユニットは、阪神・淡路大震災の教訓を活かすために新しく生まれた教育プログラムである。キャンパスをポートアイランドに開設するときに、一つのチャレンジとして開いた学部横断型のコースである。

少し「防災・社会貢献ユニット」について紹介しよう。このユニットは、平成十七年度文部科学省現代GP（現代的教育ニーズ取組支援プログラム）に採択された「防災を軸とした地域との相互教育プログラム」である。複数の学部の学生が、各学部に籍を置きながら防災や社会貢献を専門的に学ぶことができる、他の大学にはない先駆的なシステムである。いまでいうアクティブ・ラーニングや実務家教育のはしりだったともいえる。

法学部、経済学部、経営学部、経済学部、人文学部の四学部に入学した学生は、二年時に各学部のコースの代わりに、「防災・社会貢献ユニット」あるいは「スポーツマネジメント・ユニット」のいずれかのユニットに所属できる。防災・社会貢献ユニットは希望者から五十人を選抜した。総合大学だからこそできる教育だ。

中村さんは、「防災・社会貢献ユニット」を専攻すると決めた後、ひとりの教員から、「あなたが話すことで、勇気づけられる人もいる」という言葉をかけられた。ずっと抱えていたもやもやが晴れた瞬間だった。

以来、誕生日は震災の日であることをわだかまりなくいえるようになった。在学中には、東日本大震災の被災地ボランティアにも参加した。卒業論文のテーマは、「震災当日生まれの経験を通して災害時の助け合いの大切さを伝える方法論の提案」だった。卒論をまとめるにあたって、震災の混乱の中で自分が生まれ、多くの人の助けの中で育ったことを知り、心を動かされたそうだ。

そして四年生の十二月に、卒業研究の一環で神戸市内の小学校の児童の前で、親から

生まれたあの日 語る覚悟

神戸の中村さん 語り部団体加入

激震の1.17 両親や周囲に守られた

震災23年

阪神・淡路大震災のあった1995年1月17日に生まれた会社員中村翼さん(22)＝神戸市兵庫区入江通2＝が、震災から23年となるのを前に、遺族らの団体「語り部KOBE1995」に加わった。「遺族ではない自分が入っていいのか」と葛藤したが、「両親や周囲に守られ生を受けた。助け合う大切さを伝え続けたい」と踏み出した。（小林伸哉）

生後まもない中村翼さん(中央)を抱く父威志さん(左)と母ひづるさん(右)＝1995年1月(中村さん提供)

母ひづるさん(48)は1週間後が出産予定日だった。当時住んでいた同区の集合住宅で激震に襲われ、父威志さん(49)がひづるさんのおなかをかばうようにおおいかぶさり、守った。

2人は近くの明親小学校へ避難。到着後まもなく、ひづるさんが破水した。威志さんが車を取りに戻る間、寒さに震えるひづるさんに、見知らぬ女性が「車に乗って」と声を掛け、毛布を手渡し休ませてくれた。

「家族の記憶、受け継ぐ」

戻った威志さんはひづるさんを車に乗せ中央区の病院へ。がれきや渋滞で進めない中、交通整理をしていた警察官に事情を話すと、迂回《うかい》路に誘導してくれた。約4時間後に到着。分娩《ぶんべん》室は停電で暗く、威志さんは懐中電灯で照らして励ました。午後6時21分、翼さんの産声が響いた。ひづるさんは「ありがとうございます」と何度も繰り返した。親子はその日のうちに北区の親類宅へ。深夜、翼さんは産湯につかった。

◇

翼さんが両親から震災について詳しく聞いたのは、大学に入ってからだ。思春期には、震災の日に生まれた意味を求められているようで思い悩み、誕生日にケーキを囲むのも嫌がったという。高校に入り「震災の日に生まれたからこそ、できることがあるはず」と思うようになったが、何をすべきか分からなかった。

震災を深く学ぶため神戸学院大学に入り、防災教育を専攻。東日本大震災の被災地でボランティアを経験した。卒論のテーマは「災害時の助け合いの大切さを伝える方法論の提案」。両親に当時の様子や気持ちを聞き、自分が誕生するまでにいろんな支えがあったことを知った。

一昨年12月には神戸市内の小学校で、両親から伝えられたことや自身の経験を語った。社会人となった昨年、恩師から語り部団体への加入を誘われた。両親は「感謝を胸に育った。お世話になった方々に、家族としての感謝を翼が伝えてほしい」と背中を押した。

語り部ＫＯＢＥ1995の例会で先輩語り部の話に聞き入る中村翼さん＝昨年12月９日、神戸市中央区東川崎町１、ひょうごボランタリープラザ

昨年12月、「語り部KOBE1995」の例会で、翼さんは新メンバーとして紹介された。メンバーで震災時に次男秀光《スグァン》さん＝当時(20)＝を亡くした神戸市須磨区の崔敏夫さん(76)は「お父さんお母さんの話からは『人を助けなあかん』という気持ちがわいてくる。語り継いでいこう。自信を持って話せばいい」とエールを送った。

翼さんに当時の記憶はない。それでも「受け継いでいくことが、震災を知らない世代に与えられた使命」。感情を示したグラフや映像など、より伝わる工夫を凝らす。12日には同市東灘区の魚崎小で講演する。

神戸新聞2018年２月５日朝刊

天声人語

「がれきの街で生まれた奇跡の赤ちゃん」。神戸市の会社員中村翼《つばさ》さんは23年前、阪神・淡路大震災の当日に生まれた。成長する姿をテレビが追い、小学生になるとプロ野球の始球式に招かれた▼「思春期にはそれが負担で悩んだ。何千人も亡くなった日に僕は単に生まれただけ。何もやり遂げていない。誕生日を隠すようになりました」。大学で防災教育を学び、心境が変わる。東北の被災地でボランティアをし、仮設住宅の人々と話をした。両親に生まれた日のことを尋ねたのはその後である▼揺れた瞬間、父が母に覆いかぶさったこと。火の手が見え、家を出たこと。避難先の小学校で破水したこと。見ず知らずの女性が車で休ませてくれたこと。病院へ向かう道が渋滞し、警官に頼み込んで車線の脇を誘導してもらったこと▼4時間かかってたどり着いた病院が停電していたこと。父の懐中電灯に照らされて生まれたこと。倒壊の恐れから病院を出たこと。深夜まで産湯を使えなかったこと――。自分が生きているのはまさに奇跡だと思った▼先週、神戸市内の小学校で中村さんの講演を聴いた。震災を伝える「語り部KOBE1995」に加わって初めての活動だ。黒煙を上げる神戸の街並みの写真に児童ら250人といっしょに見入った▼中村さんはいわば巨大災害の前と後の境界線で生を受けた人である。揺れの記憶はなくとも、鮮やかに体験と思いを語り得ている。聴衆の中から次の世代の語り部が生まれるよう祈った。

2018・1・17

朝日新聞「天声人語」2018年１月17日朝刊

聞いた自分の震災体験を話した。児童が見つめる先には、次の世代へ語り継ぐ思いでいっぱいの中村さんが立っていた。授業を終えた後、自然と涙する中村さんの姿は、大きな一歩を踏み出せたという思いからだったのではないだろうか。

社会人になった年には、恩師からの誘いで「語り部ＫＯＢＥ１９９５」に参加するようになった。これは遺族らが記憶や体験を語り継ぐ団体だが、自分は遺族ではないのに参加していいものか逡巡《しゅんじゅん》したけれども、両親から、「お世話になった方々に、家族としての感謝を翼が伝えてほしい」と背中を押されて参加するようになった。以来、子どもたちなど震災を知らない世代に語り継ぐ活動をしている。

中村さんのように、震災の日に生まれた複数の若者が、本学でも学んでいる。

今中《いまなか》麻里愛《まりあ》さんは、兵庫県尼崎市の病院で震災日の朝に生まれた。母親が分娩室に行く前の陣痛室にいたとき、大きな揺れに襲われた。一時間半後に出産。停電のため体を温めるものが何もなく、父親の革ジャンを羽織って寒さをしのいだという。

のちに、食料がないときなど親戚や近所の人たちに助けられてしのいだことを耳にし、一月十七日に生まれたことに意味を感じるようになる。今中さんは本学の経済学部に入学し、インターンシップに参加するときには、神戸市内の災害支援のNGOを選んだ。

その後も、二〇〇八年に起きた四川大地震の被災地をNPO「CODE海外災害援助市民センター」のスタッフとともに訪ねたり、就職後も、前記のNPOのメンバーと地震の被災地を訪ねる活動を続けている。

震災では、大切な人を失って辛い思いをした人ばかりではなく、発災当日に生まれたことに悩み、成長してきた子どもたちがいたということも忘れてはいけない。これからも本学だからこそできる、防災に関する学びの場の提供、そして地域社会への発信は大きな役目だと考えている。

震災二〇年を機に…

二〇一四年、防災・社会貢献ユニットの歴史を引き継ぐ形で、現代社会学部社会防災学科として新しい歴史をスタートさせた。

社会防災学科は、自然災害の多いわが国の地域社会における日頃からの防災・減災の備えや、相互扶助のあり方、コミュニティづくりの課題などについて検討し、社会貢献の担い手になりうる学びに力点を置いており、日本でも希有《けう》な存在だと自負している。

この学科の学生は、防災を研究して専門家を目指すわけではない。

これまで防災といえば、ハードがほとんどだった。堤防、ダム、耐震構造、治水のための土木技術、台風に耐えられる建物の構造などである。それに対し、われわれが重視するのは防災のシステムや災害時対応、防災管理、防災教育などのソフト、そして実務ができる「人材育成」なのである。

同学科を志願してくる学生の多くが、将来公務員（消防官・警察官・行政職）を目指して入学してくるが、先ほど述べたように同学科は、広く社会に活きる力を養うことを目的としている。そのため、さまざまな連携機関との授業も多く設けているため、大学四年間を通して社会を守る事業が多くあることを知り、将来の夢を膨らませる学生も少なくはない。

教室の中で学ぶだけでなく、学生たちが教員と一緒にフィールドワークや問題解決型の学び、アクティブ・ラーニングを重視している。産学連携やインターンシップ、ボランティア、海外実習など実践的な体験ができるカリキュラムを組んでいる。これらの学びの特徴を活かし、社会が抱えるさまざまな課題と向き合うだけでなく、自ら考えて解決へと導ける力を育んでいる。

アクティブ・ラーニングの一つの事例として、入門ゼミナールの一環で取り組んでいる「夏季合宿」について紹介したい。

同学科では学生たちが、入学した年の夏季に、全員が神戸市消防局神戸市民防災総合センター（消防学校）で専門的な体験学習を受けるプログラムを実施してきた。当合宿の目的としては、消防学校だけでなく隣接している「しあわせの村」での体験学習を行うことで、災害・防災・福祉に関する知識を深めることである。学生たちは現職の方からの規律訓練指導から始まり、冠水歩行体験、放水体験、暗闇・煙中避難体験などのほか、同市消防局が開発した災害協力シミュレーションゲーム「ダイレクトロード」に取り組む。

消防官というと、火災・救急現場のイメージを強く持っている学生が多い中、シミュレーションゲームを体験することで、災害を予め防ぐ「予防業務」の大切さを実感する

防災訓練は本格的だ

学生もいたそうだ。

学びのフィールドでの成長・視野の広がりは、その後の学びにより良い効果を与えると実感している。

その取り組みの一つとして、船木ゼミ（船木伸江准教授）が取り組む防災教育教材開発と、それらの教材を活用した出前授業がある。震災から二十五年を迎えたいま、震災を知らない教員が増え、現場では防災教育への悩みを持つ教員も少なくはない。

「防災教育」というと特別なことと感じがちだが、通常科目と結び付けて取り組むこともできる。現場の先生方の悩みの解決の一助になるよう、船木ゼミの学生たちが新たな防災教育教材開発に取り組んでいる。教材開発のプロセスの中で、現場の教員からアドバイスを受けるなどして、実際に使えるものを目指している。

二〇一七年度に、同学科一期生の舩木ゼミ生が、一人の語り部の話をもとに、紙芝居教材を制作した。協力してくれた語り部は、現在神戸市内で小学校教諭をされている。

教材のタイトルは「げんきくんのゆめ」。震災当時、小学校二年生で母と弟を亡くし、落ち込んでいるときに寄り添ってくれた先生がいたことがきっかけで、教員を志し、夢を実現した語り部の話をもとに取り組んだ。学生たちに「なぜ、この方の体験をもとに教材を作ろうと思ったのか」と尋ねた。

「小学生向けの教材をということだったので、授業を受ける児童たちと年齢が近い人の語りをもとにしたいと思った。〝もし、自分がそうなったらどうするか、子どもたちに考えさせることが大切〟と、語り部さんにアドバイスをいただいたことから、当時のことをイメージしやすいように、紙芝居と視覚教材（ＤＶＤ）という手法を採用した」と、学生たちは話した。

制作過程では、語り部への聞き取りを重ね、話の状況をゼミ生たちで「公園にお父さんが帰ってきたときは、こんな感じやったんかな？」と再現しながら、紙芝居の絵を描いていった。

出来あがった教材をもって、神戸市立塩屋北小学校の三年生を対象に、出前授業を行った。学生たちは、教材開発を通して、

「震災の後は、多くの人が当たり前のことに幸せを感じたんだよ。ちょっとしたことでも『ありがとう』と、感謝する気持ちを忘れないで」と、児童たちに語りかけた。

震災を伝える学生たち自身も、震災体験がない世代だ。経験をしていないからといって、震災を語り継げないことはない。震災体験のない人だからこそできることもある、と実感できた。

このような経験者の思いを伝えることの大切さについて取り組んだ他の事例として、安富ゼミ（安富信教授）の学生たちが、二〇一七年度に震災の体験をした複数の人に聞き取り調査をして得た教訓を若い世代に伝える試みに取り組んだ。翌年度には、下級生が引継ぎ、「わせらん新聞」と名付けた新聞を作成し、防災を担う若者を育成する「災害メモリアルアクションＫＯＢＥ」の報告会で発表した。

海外実習で「気づき」を得る

社会防災学科のカリキュラムは、実習科目が多い。その中の「海外実習」は、カリキュラム上、専門基幹科目に位置づけられている。実習は、カンボジアやフィリピン、インドネシアなどで行われる。近年著しい経済発展の開発途上国に出向き、社会・経済・文化・教育について現地の状況から学びを深めることを目的としている。

なかでもカンボジアでは、同学科の教員の三分の二が関わるNGO（非政府組織）が活動をしており、現地に事務所もある。

ここでは現地の基礎教育支援を二十年ほど続けている。前記のNGOが運営する私塾があり、そこに子どもたちを集めて、いろいろなことを教えている。読み書き能力をつける識字教育を基本においているが、サッカー、英語、日本語、パソコンなどの教室も開いている。また、現地の伝統舞踊も教えている。

教室は六つほどあり、受講は無料。同学科の学生もその活動に参加する。この実習に関しては防災よりもSDGs（持続可能な開発目標）の面から考え、健康と福祉、質の高い教育などを支えることで、持続可能な社会の実現に貢献しているといえる。

話は脇にそれるが、この活動には、同学科の学生以外にも、NGOの活動に関わっている学生たちがいる。ボランティアについては、第二章で詳しく述べるが、全学的なボランティア団体にも参加してもらって、カンボジアを支援するプログラムを運営している。活動としては、年に三、四冊、クメール語だけでなく日本語や英語にも翻訳した絵本を作っている。また、日本で制作した絵本を学生自身が持参し、春と夏に実施しているカンボジア・スタディツアーに参加。実際に子どもたちと一緒に自分たちの制作した絵本を使用しながらの異文化交流を行っている。

話を同学科の海外研修に戻すと、実習先はインドネシアやフィリピンにもある。たとえば、二〇一八年七月にインドネシア・ロンボク島付近を震源とする地震が起きた際、ジョグジャカルタなどが津波に襲われた。そのような被災地への、救援活動にも参加したことがある。その他にも、災害記憶の伝承と防災の知識を伝える災害ミュージアムの役割を学んだり、・アトマジャヤ大学ジョグジャカルタ教員・ガジャマ大学教員によるコミュニティ防災に関する講義も受講する。

これらの海外実習で、顔つきが変わり、その後の学修態度が積極的になった学生は多数いるという。

前林清和教授はこれまで多くの学生を海外実習やＮＧＯのスタディツアーに連れて行

っているが、実に興味深いことを話してくれた。

実習に参加する学生の多くは、カンボジアに行く前、ボランティアとして、貧しい子どもたちのために何かをしてあげようと思っているのだという。しかし現実はそれほど単純ではないことに、学生たちは気づかされる。

たとえば、子どもたちとサッカーをしようとグラウンドに行く。でもグラウンドといっても、ただの空き地。ゴミも散らかっているし、ちょっとした石もたくさんあって、それらもきれいにしてからでないと、サッカーをするのは難しい。

では掃除をしようということで、日本人大学生たちがカンボジアの子どもと一緒に掃除をし始める。でも、現地の気温は四〇℃ぐらいでかなり暑い。三十分ぐらい作業をしていると、ダウンする学生もでてくる。現地の子どもたちはそれが日常なので、元気に作業を続けている。しかも裸足だ。

日頃は元気な日本人大学生も、暑さにバテて日陰で休憩していると、子どもたちが水を持ってきてくれる。

「お兄ちゃん、飲んで」「お姉ちゃん、お水、どう?」

そのとき、ふと気づかされる。自分たちは、助けに来たはずなのに、助けられていると気がつく。実習を振り返る際には、このような経験から、それぞれに口にすることがある。

「最初、自分たちは無意識のうちに、上から目線で関わっていた」

そのことに気づけた学生は、「人に何かをするということは、いったいどういうことなのか」ということを体験から学んでいく。その後、講義でも研修でも目の色が変わっていくという。

では目の色が変わった結果、学生はどうなるのか、前林教授の言葉をそのまま紹介する。

「学生たちは、使命感を持てるようになるんです。自分が金儲けしたり出世したりするのを使命とはいわない。使命感というのは何かといえば、『自分以外のために何かをすること』。もちろん、仕事を頑張るのは、まずお金や生活のため。自分自身もそうだし、それは否定できないし否定すべきでもない。しかし、基本は自分のためにやっているけれども、投入しているエネルギーの何割かは人のためとか、世の中のためにという気持ちがあってこその仕事だと思うし、活動だと思うんですね。学生たちにはそういう使命感を持ってもらいたいんですよ。なんでもいいんです。ちょっとした使命感でもいいんです。防災というのは、そういう使命感がなかったらできないものです」

海外実習を終えて、スイッチが入った学生をいっぱい見てきたと前林教授は話す。いろいろなところにスイッチを入れる装置をつくっておくのが、教員の務めだともいう。

「地域と交わる」「地域から学ぶ」

専門の学びで得たことを、地域に還元することも積極的に行っている。

先ほど述べた学校への出前授業もその一つだが、それ以外にもいろいろなことに関わっている。

前林ゼミの学生たちは、南海トラフ巨大地震にまつわる活動を展開している。

南海トラフ巨大地震は、この三〇年以内に、七〇~八〇パーセントの確率で起きるといわれる。前林ゼミでは、この三年ほど、「南海トラフ巨大地震を考える」というテーマを掘り下げている中で、自分たちに何ができるかを考えた。

考えた中の一つの答えとして、QRコード付きのティッシュペーパーを配り、そのコードをスマホに読み取らせると、南海トラフ巨大地震によって、どんな被害が想定されているのか、神戸、大阪津波予想などがわかるようにしようと企画した。

このティッシュペーパーは一万個つくられ、学生たちの手で配られた。

学生たちのフィールドが、「教室の中だけで完結するのではなく、自分たちの学びが少しでも世の中の役に立つように」、ということを常に意識している姿勢が伝わってくる。

このほかにも、「社会防災プロジェクト実習」という科目では、大学において学んだ知識を活かし、学生たちが主体となって防災研修や開発教育をテーマとしたプロジェクトを立ち上げ、取り組んでいく。

たとえば、特別養護老人ホームなどの避難計画書を作成することも行っている。地震が起きたとき、水害が起きたときなど、どこに避難するとか、どういうふうに避難するのか、といったことをわかりやすく丁寧にまとめた計画書をつくった。

また、神戸市東部の新都心として開発された「ＨＡＴ神戸」の中にあるショッピングセンターにも協力をお願いして、訓練計画を立てて提案させてもらったこともある。

プロジェクトを立ち上げて企画書を作成し、その内容を実現していくなかで、実行力・企画力・問題解決能力などを身につけることができる。また、地域と交わり、人を育てるのは「人・まち」であることに気づかされた、という学生も少なくない。

専門知識をボランティアに役立てる

通常の演習や実習以外でも、学生たちは活発に地域・社会に出向いていく。

たとえば、自然災害などが起きたときの「緊急支援ボランティア」。災害が起きて間もなくは、まだ危険な状況で、現場も混乱している中では、知識や経験がないボランティアが押し寄せてきてもうまく機能しない。したがって、知識や訓練を受けた先遣隊がまず現地に行き、被災地の状況・ニーズを把握し、どこにどのような活動でボランティアを配置すればいいのかを検討し、計画を立てる。

現地派遣の検討のための調査隊としてまず専門の教職員が一番に入り、安全を確認できたのちに、学生の第一陣として、社会防災学科の教職員・学生が現地へ入る。その後、全学的にボランティアを募集し、現地へ派遣するという流れができている。

こうした活動は、授業を受けたことを行動（実践）に移すので、勉強したことが血肉化されるし、今後の学ぶ姿勢が積極的になり授業の内容の理解も深まる。

東日本大震災の被災地支援では、百回近く現地にボランティアを派遣したのではないだろうか。初年度は毎週、または一週置きに大型バスに乗り込み夜行で移動、二年目からは月に一回ぐらいのペースにして定期的に通った。

もちろん授業があるので、週末を利用して現地に向かう。金曜日の授業が終わって、夜、バスに乗り込み、バスの中で寝ながら移動し、約十三時間かけて、現地に到着。そのまま活動にとりかかり、一泊して、日曜日の夜に東北を発って、月曜日の朝、大学に戻り、授業を受ける、というスケジュールで動いていた。夏休みや冬休みといった長期休暇の間は、もっと長期滞在でボランティアに関わる学生もいた。

災害を女子力で乗り切る「防災女子」

学生グループとしてユニークな活動をしているのは、「防災女子」である。同学科の女子学生の有志が中心となって活動を展開している。一人でも多くの方々に防災意識を高めてもらえるように、地域・行政・企業などから協力の依頼がくれば、積極的に参加している。

そもそも、誰の閃《ひらめ》きから始まったのか。

同学科の前身である防災・社会貢献ユニットの卒業生の高岸明以さんだ。

高岸さんは、東日本大震災の被災地支援で避難所や、被災した人たちが住む仮設住宅を訪れたとき、育児中の女性が避難所の廊下や屋外で授乳していたというエピソードを聞いたという。

大学の講義で、阪神・淡路大震災のときの話を聞いたり、災害時の避難所の運営が男性中心でなされている状況を聞き、女性の視点から防災を考える必要性を痛感したそうだ。同時に、「備えること自体が楽しくなければ浸透しない」とも考えた。

この発想を、二〇一三年に神戸市危機管理室が主催する「暮らしの備え」アイデアコンテストにおいて、そのアイデアを「防災女子」と名付けて応募したところ、「最優秀賞」を受賞した。賞の受賞は社会の要請を受け止め、アイデアを実現するため、二〇一四年六月に「防災女子」を結成した。

「災害を女子力で乗り切ろう」をコンセプトに、〝やってみたくなる防災〟を伝えることを心がけている。

現在、活動の中心となっているのは、災害時の食に関することである。

さまざまな場所で、防災啓発活動に取り組む中で、だれもが共通して必要とされる「食」の観点から、伝えていくことで家庭へ知識を持って帰ってもらいやすくなると感じている。多くの行政・企業と食料備蓄に関する啓発でコラボしてきた。そのため、

防災女子

年々新しいレシピが誕生している。

これらのレシピと、後に述べるローリングストック法に関する情報を一冊にまとめた啓発教材「災害食ＢＯＯＫ」が本学にはある。監修として栄養学部の伊藤智助教に協力してもらい、栄養価計算がされたレシピや、災害食の考え方がわかりやすく書かれている。総合大学の強みを活かせた教材の一つだ。

災害時だけでなく、日頃使いもしていただける、缶詰やレトルト食品などを活用した簡単レシピの数々。その中でも、耐熱性のポリ袋に食材を入れて加熱する「ポリ袋調理」は好評である。特に、炊飯ができるということは、目から鱗《うろこ》の手法のようで地域の防災訓練からの依頼も相次いでいる。ポリ袋に入れたまま調理するので、鍋なども汚さずにできるし、食器や箸がなくても、手を汚さず食べられる。水が足りない災害時にはうってつけだ。

たとえば、無洗米とわかめスープの素を使った「わかめごはん」のレシピ。材料全て（一合の無洗米と水、わかめスープの素）を耐熱性ポリ袋に入れ、カセットコンロで鍋に湯を沸かし、鍋底にポリ袋が直接触れないように皿などを敷き、その上に材料が入ったポリ袋を入れて二十五分ほど加熱後、十分蒸らして完成だ。

庖丁を全く使わないので、家庭科の授業を受けていない、小学校低学年生でも体験可能なため、地域の防災料理教室で好評だ。

火がない場合でもつくれる「茎わかめの梅サラダ」もなかなか秀逸《しゅういつ》だ。乾物ミックス（茎わかめ、ひじき、人参、大根などを含んだもの）とささみの缶詰、梅干しを用意。ポリ袋に乾物ミックスを入れ、水で戻す。次に梅干しの種をとって、たたき梅にしておく。乾物ミックスの水切りをして、たたき梅とささみを加えて混ぜれば完成。防災女子からのセールスポイントは、疲労回復があることと、梅など代謝促進作用があるクエン酸は、さっぱりとしていることで、夏のメニューにもおすすめだ。

掲載したレシピは、前記の防災女子が編集した冊子や、日本気象協会が推進する「トクする！防災」との共同企画で行った災害食レシピを、備蓄レシピとして「トクする！防災」の公式サイトで公開されているし、イベントなどでも配布している。

「トクする！防災」とは、日本気象協会が推進する、ちょっと楽しくちょっとおトクに防災アクションを取ることで、自分や家族の命を守ることを目指すプロジェクトだ。ここに掲載された、「簡単美味しい！おススメ備蓄レシピ」のページでは、伊藤智助教による、一日の献立や災害時にスイーツがもたらす効果についてのコメントも掲載している。

防災女子が、いつも提案している備え、「ローリングストック法」がある。これまでの非常食のイメージは、味を楽しむといったものではないので、日常的に消費することに抵抗感を示す人もいる。その対策として、非常時専用の食材（非常食）だけを備蓄するのではなく、普段の生活で使用できる食材を少し多めに買い置きして、定期的に食べて、食べた分を買い足して備蓄する方法だ。食べながら備えるため、これまでの非常食のように、長期間保存の必要はなく、保存期間が短い食品（半年〜一年）も活用できる。食材を無駄にすることなく、家族に合わせた食材を選ぶことができ、いざという時にも食べなれたものを安心していただくことができる。

一般的に非常食のイメージは、味を楽しむといったものではないので、日常的に消費することに抵抗感を覚える人がいるだろう。

また、「災害時は、ライフラインが止まって、ガスも使えなくなるのだから、火がなくてもつくれるレシピを開発するべきだろう」という意見も、よく聞かれる。しかし、学生たちは、災害時のストレス軽減のためにも温かく栄養バランスの取れた料理をつくるため、ひと手間調理の大切さを伝えている。

災害時の食事は、炭水化物に偏りがちのため「備蓄レシピ」なら、たんぱく質・ビタミン・ミネラル・食物繊維など災害時に不足しやすい栄養素を補給したり、食塩・脂質など災害時に過剰摂取しやすい栄養素を控えることができる。だから高血圧の方や、妊婦のかたも誰でも食べられる優しいメニューを作ることができる。

企業と共同でプロジェクトを行うことにも意欲的だ。また、食物アレルギーのある人でも、災害時に困らないように、アレルギー対応非常食開発において、レシピ考案協力をしたこともある。岡山県の防災ネットワークから、前林教授に開発の提案があって始まったものだ。卵や小麦、乳など国がアレルギー原因物質を含む「特定原料等」に指定する二七品目の食材を使わないメニューを考えた。岡山県の日本原病院がカロリーや塩分量を監修した。

完成した商品は、カボチャスープや野菜中華丼、ミネストローネスープなど。美味しさも妥協せず作ったメニューだという。

いくら震災で辛い思いをしても、時が過ぎると忘れてしまうし、震災を知らない若い世代が多くなると、その記憶が薄れてしまう。だから定期的に、家族で食料備蓄の見直しに努め、アレンジレシピを練習しながら備えておくことが大切だと伝え続けている。

地域とともに防災を考える「シーガルレスキュー」「学生消防団」

社会防災学科の学生が中心となり、二〇一五年に結成された「シーガル・レスキュー」という団体がある。

消防・警察・自衛隊・海上保安庁等を目指す学生の事前学習とともに、有事の際に冷静に行動できる人材育成を目指し設立された。

相次ぐ災害で、市民の防災意識は高まっているけれども、それが実際の避難行動、防災行動に繋がるかどうかはわからない。たえず意識し、いざという時に行動に繋がるようにするためには、何が必要かを啓発している。

たとえば、大学の校舎の一角を使って、小学生を対象にした防災イベント「ちびっこBOUSAIトライアスロン」を開催したことがある。親子連れ約三十人が参加。同学科の中田敬司教授がミニ講義をした後、学生らが「いざという時」に役立つ三角巾の使い方、「119番通報」をする方法、緊急時などでの簡易担架の作り方などについて指導する。

それ以外にも、消火器を使った訓練や、火災のときの煙の怖さを体験してもらう煙道体験、避難所での段ボールを使ったベッドの作り方、AED（自動体外式除細動器）の使い方。子どもたちが多い場合には、クイズを出したりして楽しく行われる。

また、地域での防火・防災に係る活動として、二〇〇八年に全国で先進的に発足された学生が地方公務員（非常勤特別職）として任命されている「学生消防団」が活動している。

大学職員と学生定員十四名で構成され、女子学生も活動している。この地区の特徴として、住宅エリア・大学エリア・企業エリア・空港エリアからなり、それぞれ住宅部、大学部、企業部、空港部で構成され、広範囲な地域を管轄し、民・学・産が一体となって地域社会の安全安心を確保する取り組みを行っている。学生団員は全員が救急インス

防災教育

トラクターの資格を取得し、各種訓練や研修会を通じて、知力・体力・技術を磨き、神戸マラソンやこうべ海上花火大会等のイベントでも活躍し、地域防災に貢献している。彼らは、卒業後も企業や地域等で防災リーダーとして活躍している。

発足当時、大学生が消防団の担い手となるのは注目すべきことだった。学生たちの就職志望職業として、これまで消防官や警察官が多いが、行政にとどまらず、防災や危機管理に関する知識をもった人材は、今後ますます必要とされることは間違いない。

企業の規模が大きくなると、BCP（事業継続計画）の問題がある。大規模な災害が起きたときにいかに事業を継続するかに関する計画をたてておく必要があるのだ。これはきわめて重要なスキルだが、誰もができるほど簡単なものではない。本を読めばできるというものではないのだ。専門的な知識と豊富な経験がなければ、実効性のある計画をつくるのは難しい。

しかし、現実にはそうした専門家は実に少ない。行政にも危機管理部門があるが、そこで働いているのは、必ずしも防災の専門家というわけではない。通常の昇進や人事異動で来る人が多いのだ。

もちろん部門のすべての人が専門家である必要はない。しかし中核になるポジションに専門家がいなかったら、災害が起きたときの避難勧告や避難指示を適切に出すのは難しい。もしくは指示が遅れたりもする。

企業のBCPに関しても同じことがいえる。防災に関する知識や実習の経験がなければ、立案するのは難しい。BCP以外にも、企業のそれぞれの支店や営業所で、防災訓練が必要だろう。そうしたときにも、前記のように、実践的な防災教育を受けた社員がいれば、災害に直面したときにも迅速な対応ができる。

本学は、研究者を育てるというよりも、現場を視野にした第一線で働く実務家を育成している。気候変動の影響か、毎年のように日本のみならず、世界中で深刻な自然災害が起きている今日では、そうした実務家のニーズは今後ますます高まってくると思われるのである。

第二章　ボランティアで人と人を繫ぐ

震災とボランティア

「ボランティアは人間づくり」といわれるが、人は人と関わりながら成長していく。ボランティアの何が人を成長させるかといえば、利害関係がない人間同士が同じ目標に向かって行動するからである。利害を超えた活動の中でこそ、人は芯が鍛えられると認識している。

神戸学院大学に「ボランティア活動支援室」を開設したのは二〇〇五年四月のことである。きっかけは、やはり阪神・淡路大震災であった。震災直後の助け合い、震災の復興にあたって、我が国におけるボランティア活動は大きく進化した。震源地に一番近い私立総合大学としての役割を考えたとき、ボランティア活動の推進は重要な柱の一つとして外せなかった。

ボランティアの歴史をひもとくと、戦前戦後からそうした活動はあった。戦前ならばセツルメント運動があり、戦後になってワークキャンプという活動がでてきた。終戦直後には、復興のために子どもをサポートしたり、がれきの片付けをしたり、そうした活動に学生もだんだんと関わっていった。大学にもボランティアのサークルなどができてきたが、大学のサポートを受けてではなく、あくまで学生が自発的にやっていた。

ではいまの時代、大学組織としてはどうボランティアに関わればよいのか。

さまざまなアドバイスを受けながら検討した結果、ボランティアの専門的な部署を大学につくって、活動する学生をサポートするという方向性にまとまった。ただ、教職員がすべてお膳立てするのではなく、学生が積極的に運営にも関わるような形にしようと考えた。

そんな設立の経緯もあって、有瀬、ポートアイランド両キャンパスにボランティアの経験豊富なコーディネーターが常駐している。一人は川口謙造さんで、大阪ボランティア協会というボランティアセンターの老舗で十七年間活動してきた。もう一人の垂井加寿恵さんは、神戸市中央区ボランティアセンターで、阪神・淡路大震災の被災者支援などに携わってきた。この二人が有瀬とポートアイランドの二ヵ所にそれぞれ常駐している。

実際にボランティア相談に乗ったりしているのは、おもに学生スタッフである。約一〇〇人の学生スタッフがいて、ボランティアの内容によって災害班、環境班、国際班、子ども班、医療班、広報班と六つの班に分かれている。10学部の学生が学部の壁を越えて、事業の企画や運営にも関わっている。

災害班は、震災や豪雨災害などの被災地支援、環境班はおもに農業ボランティアを、国際班は経済的発展途上国への支援活動、子ども班は大学近くの小学生を対象にしたボランティア、医療班は学内献血のサポートや高齢者や障がいのある人たちとふれあう活動を、そして広報班はボランティア情報を学生に発信している。

いまの学生は、中学、高校などで何らかのボランティア経験があるので、以前の学生と比べるとボランティアを身近に感じている。特別な行為ではなく、いろいろな活動の中の一つという捉え方だ。

だから、ボランティアを何かやりたいけれど、具体的に決められないという学生に、支援室の学生スタッフが「私はこんな活動をやってたいへんだったけど、楽しかったよ」とか「いろんなことを考えさせられた」とアドバイスしてもらうとリアルに伝わりやすい。

支援室には、かなり多くのボランティア募集が寄せられる。それを仕分けして、支援室に登録している学生には、SNS経由で情報提供する。学内には、各学部や自発的にボランティアに取り組む団体やサークルがあるが、それらを除いたボランティア活動支援室経由でのボランティア参加者は、毎年千人以上に及ぶ。二〇一八年の数字をみると、延べ一八七八人。在学生数の一割強である。

東日本大震災でボランティアの必要性が再確認されたことも大きいが、災害関係のボランティアへの期待はいまも高い。遠い地域へは、大学がボランティア貸切バスを出し、費用も負担する。

二〇一一年の記録をみると、地震発災直後は月に二〜三回、八月の夏休みなどは五回現地に派遣していた。

このときは東北でどんな活動をしていたのか。発災直後の数ヵ月は、現地では泥かきや家屋などの片付け、避難所支援では清掃や子どもたちと遊んで心のケアを、農業支援では農園の片付けや雑草抜きなどを行った。同年の夏からは、住民のサポートとして、支援物資配布の手伝いや炊き出し・食べ物の提供、子どもとの交流、行事や祭りのサポート、茶話会や手作業の手伝いなど。環境整備としては、掃除や草刈り、生活支援マップの作成、木工などを行った。

仮設住宅周辺マップを石巻専修大学とつくったのは、独自の試みである。これは生活情報を集めた仮設住宅周辺マップなのだが、二〇一一年に初版を配布、一四年に改訂版

熊本地震でのボランティア

を制作した。

東北へのボランティアは二〇一七年までに九二回、延べ九七五人の学生を送り出し、いまも継続的に支援を続けている。現地に行くだけでなく、物産展を開くなど大学にいながらできる支援も継続している。さらに現地の大学との連携などもできて、その後もかなり多くの学生が参加してくれている。

二〇一六年の熊本地震、一八年の西日本豪雨、一九年には台風一九号関係の緊急支援を長野県や宮城県で行っている。

熊本地震に対しては、地震が発生した年度に計六回、六六人の学生を派遣している。前半は熊本県益城町、西原村、南阿蘇村での被災家屋、神社の片付け、被災者への足湯活動など。後半

学生による「被災地応援物産展」

は仮設住宅や被災農家などで、熊本学園大学やＮＰＯと連携した。一七年以降も継続し、緊急支援から仮設住宅生活支援などへと移行している。

西日本豪雨では、終息から約二週間後の七月二十一日に第一陣を広島市に派遣、以後四回にわたって緊急支援ボランティアを派遣した。

あまり話題にのぼらないが、災害現場では本学の災害ボランティアの「初動が速い」と感心されるという話を聞いたことがある。災害が発生してから学生ボランティアが到着するまでの時間が短く、なぜこんなに早く動けるのかと驚かれるというのだ。

なぜ素早い対応ができるのか。それは大学

が学長を長とする災害支援対策本部を中心に、組織としてのプログラムを確立してきたからである。第一章でも述べたが、社会防災学科やボランティア活動支援室の教職員からなる先遣隊が情報収集して安全確保をする。しかも意欲ある多くの学生から、被災地へ行きたいという声があがる。

そしてもう一つ、なぜこれまで災害ボランティアの派遣を続けてこられたのか。それは、参加者を丁寧にフォローし続けてきたからである。あまり表にはでてこないが、災害ボランティアを経験した学生の中には、ショックを受ける者もいる。災害現場では、テレビや新聞には出ないむき出しの惨状が展開されている。被災の壮絶な光景、悲しみや怒り、人の死、家屋の倒壊……、ボランティアに行けば、そうした現実と否応なしに直面することもある。

そうした問題については、事前にボランティア研修会を開いたり、事後の研修も行う。そして必要に応じて、カウンセラーによる心のケアも行う。そうしたフォローなしには、長く災害ボランティア活動は続けられなかっただろう。

大学教育としての「ボランティア活動」

災害以外にも、さまざまなボランティア活動がある。

たとえば、毎年秋に開かれる神戸マラソンには、七百人弱の学生がボランティアとして会場案内や誘導係として参加するのをはじめ、明石市の時のウィークや神戸ルミナリエといった地元のイベントにも、四十〜五十人前後の学生がボランティアとして参加している。

医療班は、高齢者が多く住む集合住宅などでお年寄り向けの茶話会を催すことがあり、その際のスタッフとしても参加している。

子ども班は、小学生を対象に、夏休み中に明石市立少年自然の家で、デイキャンプを実施している。明石で獲れた魚介と夏野菜を使ったカレー風パエリアを料理したり、貝殻などを使ったコルクボードづくりをしたり、いかだ作りも行ったりした。キャンパスのある有瀬周辺の小学校の子どもに募集をかけたところ、定員を上回る申し込みがあったという。学校以外の場で学べる機会として、保護者や小学校に評価されている。

これとは別に、夏や春の長期休暇中に集中してボランティアに打ち込める仕組みとして、サマーボランティアやスプリングボランティアの機会を設けている。

ボランティア活動をきっかけに、社会についての興味が湧き、いろいろなボランティアを始める学生がいたり、自分が就きたい仕事を見つける学生もいる。たとえば災害ボランティアを経験したことで消防士を目指す決心をした学生もいる。

支援室の学生スタッフの中には、入学当時は人と話すのが苦手だったが、ボランティア活動に関わる中で積極的になっていった女子学生もいる。

その学生は高校時代に東日本大震災が起き、いつかボランティアをしたいという思いがあったので、支援室を訪ねた。被災地に行き、人に必要とされているのを実感する一方で難しさも感じ、ボランティア活動に深く関わるようになって人とも積極的にコミュニケーションがとれるようになっていった。

支援室の国際班のリーダーをしていた学生もそうだった。一、二年生の頃は一つの仕事をしっかりこなすタイプだったが、活動をする中でめきめき力をつけた。三年生のときには、街頭募金をして、バングラデシュにある学校にトイレと井戸を贈るプロジェクトを立ち上げた。きっかけは、現地を支援しているNGOのスタディツアーに参加し、環境の悪さを目の当たりにしたことだった。支援室でも、募金の方法をアドバイスするなど側面的な支援をした。スタッフを動かすための行動スケジュールも全部彼が作った。

そして、ついにはトイレと井戸を寄付するところまでたどりついた。現地の人たちと喜びを分かち合ったという。

二〇一五年に、ボランティア活動の教育効果をアンケートで検証したことがある。サマーボランティアと東北支援ボランティアに参加した学生のうち、アンケートに回答した六八人と、いずれのボランティアにも参加していない一般学生二九九人に対して同様のアンケートに答えてもらい比較した。ちなみに参加した六八人とは前出のプログラムに参加した学生を対象とし、所属学部、学年はさまざまである。比較対照グループの一般学生は、経済学部二、三年生一三六人と、総合リハビリテーション学部一～三年生一六三人を合わせたものだ。

当時、ボランティア活動支援実行委員長であった西垣千春教授（総合リハビリテーション学部）が分析したものを抜粋する。

両者で有意な差が認められたのは、次のような項目である。

1、ボランティア活動参加者（以下、ボランティア組）は、大学のクラブやサークルなど、課外活動を行っているものが七割を占め、ボランティア非参加の一般学生（以下、一般学生）の四割よりも高くなっている。
2、普段の生活でコミュニケーションを取る対象を尋ねた。家族、友人、先輩・後輩、先生、アルバイト先の選択肢から選んでもらったところ、「友人」と答えたボランティア組が八割であったのに対し、一般学生は四割に留まった。
3、友人とコミュニケーションを取る方法を聞いたところ、ボランティア組は直接会う割合が八割となっている。一般学生も五割いるが、ＬＩＮＥでやりとりする人が、ボランティア組よりも倍以上多い。
4、ニュースや社会の出来事に関する情報を得る手段を聞いたところ、ボランティア組は、新聞を挙げる人が十数パーセントと、一般学生の五パーセント強とは明らかに差が出ていた。ただ、両者ともテレビからの情報が多く、次いでＷＥＢ、新聞はいちばん少なかった。いずれにしてもボランティア組は、幅広いメディアから情報収集している姿勢がうかがい知れる。
5、将来の希望職業については、ボランティア組の四割強が公務員を希望していることがわかった。一般学生は一割強であるのに比べると大きな差となっている。ちなみに民間企業と答えた人は、ボランティア組は二割強、一般学生は四割となっている。

東北支援ボランティアだけを経験した学生三九人に対するアンケート調査も分析している。

三九人の内訳は、一年＝一三人、二年＝一九人、三年＝六人、四年＝一人。

1、活動後の心境の変化＝すべての学生が変化を実感している。具体的にみると、「人間関係を広げたい」が最も多く九二パーセント、続いて「新しい体験を積みたい」が七九パーセント、「活動を継続したい」が七二パーセント。「学部の勉強を頑張りたい」や「新しい専門知識を勉強したい」などのように、大学での修学の意欲をアップさせている学生もともに二八パーセントいる。就職や別の活動に意欲を燃やす学生も、それぞれに二割いる。

2、活動で得られたものとして多いのは、「新たな人との出会い」が九〇パーセント、「新たな経験」が八七パーセント、「人間観・世界観のひろがり」が七九パーセントと三つが突出している。その次に多いのは「大学生活の充実」や「貢献できた、役立てた」である。体験を通して、自己の成長や新しい発見、生活の充実といったものが感じ取れる。

3、さらに得られたものを具体的に見ていくと、「チームワーク力」で七七パーセント、「コミュニケーション力」が七七パーセント、そして「他者や社会への関心の広がり」が七二パーセント。学外で、見知らぬ人とともにプロジェクトを一緒に実行するときには、想定外のことが起きやすい。それに対処するなかで、そうした能力が磨かれていくということは想像できる。もちろん、コミュニケーション能力をもっと向上させていかなければという課題が、目標にもなっていくと思われる。

それ以外には「思いやり」（六四パーセント）、「事前学習の大切さ」（五一パーセント）などを挙げる学生も多い。

ボランティア活動を経験した学生の多くは、活動後に「経験してよかった」という感想を述べている。将来を考えるきっかけになった学生もいて活動の意義は大きい。

以上のデータは、「ボランティア活動の研修プログラムおよび活動の効果について」

と題した報告書の一部だが、後半に掲載された「災害支援ボランティアの教育効果」を書いた守田敦子さんの論考も興味深い。守田さんはかつて神戸学院大学で仕事をしていたが、現在は、神戸に診療所を構える小林メンタルクリニックの臨床心理士である。一部を抜粋する。

災害支援ボランティアは、とりわけ状況の背後にある心情を汲み取り行動することが求められるプログラムである。災害発生直後のがれき撤去ボランティアでは、がれきを片付ける手際の良さよりも、がれきを被災者の思い出の一部として大切に扱うことが求められる。復興期の仮設住宅生活支援では、必要以上の支援はかえって自力での復興の妨げとなると理解し、手控える。こういった、目に見える状況の背後に思いを馳せる姿勢は災害支援の現場では常に必要とされ、その特性により、状況を自分で把握する能力、コントロールする能力が大きく伸びるのではないかと考える。

こうした災害ボランティアの姿を目標として取り組めば、成長を遂げられるはずだ。

ボランティアなど課外活動にエネルギーを注ぐ学生は、専攻する専門分野の学びでも伸びることが多い。そんなケースを何人もみてきた。たとえば、国家試験の勉強などは、合格するために相当の努力をしなければならないので、汲々としてしまいがちである。しかし、ボランティアを通して他学部の学生や学外の人と話したり、作業を一緒にすることがきっかけとなって、専門にしている分野を学ぶ意味がわかり、モチベーションが上がることがあるのだ。ボランティアには、多様な可能性が秘められており、学びのヒントがたくさんちりばめられているといえる。

さらに、これまで述べてきた学生とはやや傾向が違うが、内面的に問題を抱えて、通常ならば相談室や医務室に行くような学生が、ボランティア活動支援室に来て方向性を見いだしていく場合もある。

学生スタッフと話すだけでもいいし、興味の湧くボランティアがあれば参加するのもいい。そうしているうちに抱えているものが軽くなってくるかもしれない。とりたてて用がなくても、とにかく支援室に来れば学生スタッフがいる。たまり場のような雰囲気もあるので、目的もなくふらっと入ってもいい。ボランティア活動支援室のいいところは、多様な学生を受けいれる包容力である。

ボランティア活動支援室の根本にあるのは、「繋ぐ」ということだ。何かをやりたい人と、求めている人を繋ぐ。何をやりたいのかを学生に聞いて、たくさんのボランティアの中から紹介していく。その出会いを大切にしてほしい。

第三章　社会と繫がる大学教育

大学と社会貢献

近年、「大学の社会貢献」「地域に開かれた大学」などのフレーズを耳にすることが多い。大学の教育や研究の成果は、最終的に社会に還元すべきものであり、従来大学はまさにこの機能を担うことで社会に貢献してきた。

本学の大学憲章もこの基本に則し、目指す姿として「地域の住民・産業界と共に進化する大学」を掲げている。

二〇〇五年一月には中央教育審議会の答申において、教育及び研究に並ぶ「第三の使命」として社会貢献が明示された。さらに、二〇一〇年六月に文部科学省「大学改革実行プラン」の中で、大学のCenter of Community（COC）機能の強化が打ち出された。これには、大学が組織として地域との連携に臨み、地域の課題解決に取り組むことが求められている、と明示された。

阪神・淡路大震災により、本学は「地域コミュニティの重要性」を再認識することになった。早朝に発生した未曽有の大災害。多くの人々の命を救ったのは地域の人々であり、復興の支えとなり、孤独から被災者を救ったのも地域が要となった。

有瀬キャンパスに拠点を置く人文学部では、「阪神・淡路大震災後の地域社会との共生を目指した大学の新しい役割に関する実践的研究」として、文部科学省学術フロンティア推進事業の採択を受け、二〇〇二年に地域研究センターを開設。心理学や地震・防災学など八つの専門研究分野が地域の抱える問題に取り組み、大学と地域との信頼関係と協力関係を構築することを目指した。

このような、地域の人々とさまざまな形で関わる中で、地域に内在するさまざまな力を掘り起こし、地域の資源として再構築し、地域社会の活性化に貢献するための研究スタイルと学びのモデルを創出することは、本学が目指す「地域に根差した大学」づくりの一つの具現化である。

震災経験は、本学が地域社会において、自分たちの存在がどうあるべきか、何をすべきかを常に自問する鍵となっている。

高齢化する明舞団地再生への協力

戦後の高度経済成長期、全国各地にニュータウンが建設された。建設当時は大人気で、抽選に当たらなければ住めなかった。

しかし五十年以上たったいま、快適だった建物も老朽化し、そこで育った若者たちは巣立っていった。住み続ける親世代の多くは高齢者になった。そんな現象が全国の多くのニュータウンで起きている。

有瀬キャンパスに近い、明舞《めいまい》団地も高齢化率が四割となり、多くの課題に直面している。

兵庫県は、二〇〇三年度から、明舞団地再生計画を策定し、団地の再生事業を開始。大学との連携を模索していた。

明舞まちづくり委員会が設立され、総合リハビリテーション学部社会リハビリテーション学科の教員が中心となって参加し、二〇〇九年には、地域でのフィールドワークを行う活動拠点として、兵庫県、兵庫県住宅供給公社、兵庫県立大学が、「明舞まちなかラボ」を開設。まちのシンクタンク、世代間交流の活性化を目的として大学と地域との繋がりづくりが本格的に動き始めた。

学生とともにさまざまな調査研究やプロジェクト型の活動を進める中、二〇一一年に住民側からの提案がきっかけで、新たな取り組みがスタートした。「学生シェアハウス事業」である。

団地内の若年化、ミクストコミュニティの推進、地域コミュニティの活性化等を目的として、県営住宅を学生に提供する試みである。

従来は、公営住宅法の定める入居者条件の枠に当てはまらないため、県営住宅では、学生の一人暮らしやシェアハウスは認められなかった。県が内閣府施策の特区申請を行い承認を得たのである。

この募集に対して、同学科を中心とした本学学生をはじめ、兵庫県立大学、神戸大学等の学生十人が入居。住人となることで、自然な交流会が生まれ、大学が組織として関わっていたことで、ライフスタイルの異なる世代間の問題を地域とともに考える体勢が構築できたことはとても大きい。

入居した学生は、自治会が開く会合への参加や、団地の中の掃除や祭りの準備など、地域コミュニティの一員としてさまざまな活動に参加する中で「人との繋がり」を学び、大学では味わうことのできない、貴重な体験を重ねている。地方から出てきた学生にとっては、団地の住民が第二の家族となり、これからの高齢化社会を考える学生にとっては、日々の暮らしを将来の自分の活動に活かしていきたいという思いもある。

明舞まちづくり委員会では、住民とともに専門家も入って議論を重ね、さまざまなプ

明舞団地の再生に協力する学生たち

ロジェクトが生まれている。

地域全体の助け合いのシステム、「明舞お助け隊」もその一つである。

まちづくりのために住民同士が助け合う仕組みで、「できる人」が「できること」を行う。明舞まちづくり広場での定期的な活動や、庭のお手入れ、買い物サポート、ゴミ捨てなどの予約制の活動があり、参加した学生たちは、普段接する機会の少ない高齢者と話をして視野が広がったとか、楽しかったといった感想をもったようだ。

また、住環境の提案として「団地リノベーション」事業がある。

同団地は、バリアフリーやユニバーサルデザイン等の言葉が世に浸透する前の時代に建設された建物である。古い間取りをリノベーションし、新しい入居者を増やすことを目的に、社会リハビリテーション学科（糟谷佐紀教授）の指導の下、医療や介護について学んだ知識を活かし、学生たちがリノベーションプランを考えた。介護リフォームを手がける株式会社メゾンデールと共同提案し、明舞団地再生プロジェクトに企画が採用されたのである。

洋室と和室の間にある段差をなくし、浴室は大きくまたがなければ入れず、また深いため出入りしにくい構造になっていたので、ワイドで浅いタイプの浴槽に取り替えた。立ち上がったり、移動する際の安全性を高めるための手すりを、浴室をはじめ、トイレや玄関にも取り付けるほか、明舞団地の目指すミクストコミュニティ推進のため、学生など若者が住みたくなるようなリノベーション提案も行った。

実際のリフォームの作業にも学生が参加し、その後の広報活動、モデルルーム案内を行うなど、提案だけでなく、その後の活動にも関わることで、新しい気づきや課題を見つけることができた。

この明舞団地再生計画には、自治体、その外郭団体のほか、さまざまな機関が関わっていた。前述の通り、この明舞団地の課題はこれから日本が各地で迎える課題であり、まちの再整備計画や、震災からの復興計画においても議論が重ねられている。

このような再生モデルの先行事例に関わる中で、明石市医師会や在宅介護支援センターから「学生の力で地域を活性化できないか」と、西垣千春教授に相談が舞い込んだ。

そこで学生と大学院生が、どのような行事ならば高齢者が気軽に集まれて、かつ若い世代との交流もできるのか、明舞団地の現地調査なども行いながら模索した。

たとえば、明舞団地近くの朝霧地区での祭りの開催である。二〇一二年からスタートした「夏祭り in あさぎり」と、翌一三年から始まった「春よ来い祭り in あさぎり」を学生や大学院生があさぎり在宅介護支援センターとともに企画した。

祭りに合わせて、医師会・薬剤師会による健康講座を開いたり、生活相談にカフェをつくったり、地域の高齢者が教えてくれる簡単な編み物講座などのプログラムを用意した。

すると、例年とくらべて十倍近い参加者が集ったのだ。それまで顔を出さなかった高齢者も足を運んでくれた。学生たちが多様なプログラムを組み合わせることで、さまざまな年代の人にアピールできた。

その成果が認められ、朝霧地区在宅サービスゾーン協議会から、祭りを企画した学生たちに感謝状が贈られた。

その後、「かき氷」や「綿菓子」のコーナーなどの工夫を加え、二〇一八年まで続けられた。現在は、明舞祭が年一回、二日間にわたり開催されており学生が多く参加している。

社会リハビリテーション学科は、二〇〇五年に開設した総合リハビリテーション学部に所属している。同学部は、理学療法学科と作業療法学科の三学科から構成されており、医療と福祉を連動させた学びで専門家を養成することを目指し、多様化・複雑化するリハビリテーションや福祉の現場において、援助者にも柔軟な対応ができる人材育成を行っている。

そこで、学科の枠組みを超えて、理学療法学科の教員に相談し、骨粗鬆症の状態をチェックできる、骨密度計を用いた測定会を理学療法学科生の協力も得て企画。そのほか、あさぎり病院の作業療法士による体操講座なども盛り込んだプログラムは、非常に好評で、他の地域からも開催してほしいとの依頼を受けることになった。

イベントの企画を通して、学生たちは、多様なプログラムを組み合わせることで、さまざまな年代の人にアピールできることを実感し、課題に対するアプローチのヒントを学びとることができた。

同イベントで測定会を担当した理学療法学科（浅井剛助教）では、毎年高齢者を対象とした体力測定会を開催している。

「人生百年時代」における健康寿命へのサポートとして、自分の体力を知ることは大切だ。地域社会への貢献の一環として学科生とともに活動を継続しており、二〇一七年からは、神戸市から依頼を受け、神戸医療産業都市で年一回開催されている、市民向け公開企画にも参加している。

この取り組みでは、栄養学部や作業療法学科も連携に加わり、総合大学ならではの学科、学部を超えた活動を展開している。

地域に開かれた大学

本学は、神戸市西区の有瀬と同市中央区のポートアイランドにキャンパスを有し、一〇学部八研究科を展開し、学生数一万一〇〇〇人あまりを擁する神戸市内最大規模の文理融合型私立総合大学である。

「マザーキャンパス」と呼んでいる、開学の地である有瀬キャンパスは明石市に隣接する位置にあることから、二〇〇五年に明石市と地域の発展と人材育成に寄与することを目的に連携協定を締結した。

その後、神戸市、兵庫県、そして本学の初代学長・森茂樹の生誕の地である淡路市と包括連携協定を締結し、地域を教育と研究の「現場」として、連携・協力する体制を構築している。

この背景には、時代の変化に伴い地方都市が抱える地域の課題に対して、大学の使命を果たすことが目的にある。有瀬キャンパスで培った経験と学びを活かし、ポートアイランドに新たなキャンパスを置き、改めて「地域との共生」を目標に掲げ、新キャンパスを「地域に開かれたキャンパス」と銘打ち動き始めた。

二〇〇六年度にスタートした、「防災・社会貢献ユニット」の拠点を新設したポートアイランドキャンパスに移し、阪神・淡路大震災の被災経験から、兵庫県や神戸市が推進する「新たな防災教育」に加わり、防災分野においてもさまざまな連携が加速。翌年には文部科学省の戦略的大学連携支援事業の採択を受け、「ポーアイ四大学による連携事業」と題してポートアイランドに集う大学が連携し、地域の安全・安心・健康のための総合プログラムの展開を開始した。

大学教育充実のための大学連携支援プログラムの採択を受け、「ＴＫＫ三大学連携事業」と題し、東北（東北福祉大学）・東京（工学院大学）・神戸（神戸学院大学）を繋ぐ、広域型大学連携事業として、防災・減災・ボランティアを中心とした社会貢献教育を実施した。

新キャンパス開設とともに、このような事業も後押しとなり、二〇一二年には事務組織を改編し、大学としての戦略連携を担う「社会連携部」を設置した。その根底には、常に本学の「阪神・淡路大震災の教訓と向き合い、地域においてどのような役割を果たしていくのか」という命題がある。

神河プロジェクト

兵庫県と連携し、兵庫県の養父市や神河町などで「地域活性化プロジェクト」を展開している現代社会学部。

同学部は、二〇一四年の開設以来、地域と交わり、地域から学び、地域に貢献するアクティブ・ラーニングを重視し、多様な地域連携学習を実施してきた。

大学教授や企業経営者からなる民間組織、「日本創成会議」が二〇一四年に、二〇〇四〇年には全国一八〇〇市区町村の半分の存続が難しくなるとの予測をまとめた。国土交通省も全国六割の地域で五十年に人口が半分以下になると予測している。地域の活性化は喫緊《きっきん》の課題であることはいうまでもない。

そこで現代社会学科の三つのゼミ（清原桂子教授、岡崎宏樹教授、日高謙一准教授）が、二〇一五年から一七年にかけて兵庫県中央部に位置する神河町と連携し、若者の視点から地域活性化に取り組む「神河プロジェクト」をスタートさせた。

神河町は、二〇〇五年に大河内町と神崎町が合併してできた町である。人口約一万一千人。県内でもっとも人口が少ない町だ。面積の八割を山林が占め、平地から山間地にかけての傾斜地が多く、農業に不向きな典型的「中山間地」である。年間出生数が五十人を下回り、人口減少、空き家問題を抱えていた。

町も手をこまねいていたわけではなく、近年は、移住支援事業や子育て支援事業を展開。また、観光客数百万人も目標に掲げ、その方策を考えていた。

そこに、同学科のゼミ生たちが関わらせてもらった。テーマは「創生」。神河町をフィールドにして、学生が地域創生課題を見つけ、町の人たちと話したり、活動をともにし、あるいは客観的な資料などを調べたりする。その上で政策提言や、地域の良さをP

Rする映像作品制作を行う。最後はインターネットで大学と神河町を結び、町長はじめ町の人たちに、政策提言や映像作品の発表を行った。

このプロジェクトに関わった岡崎教授によれば、熱意のある町役場の職員に会ったとき、こういわれて強く印象に残ったという。

「私たちはこの町の宝ものを探し、見つけた宝ものを磨こうとしています。しかし、自分たちには当たり前すぎて見つけられないものもある。町の外の人たち、若い人たちのまなざしに期待しているんです」

このプロジェクトを開始するとき、岡崎教授がプロのミュージシャンにお願いして曲をつくってもらった。タイトルは「たからもの」。ミュージシャンのアヤヲさんと山田明義さんが作詞・作曲してつくってくれた曲には、こんな一節がある。

「キラキラ輝く　君の大切な　たからものを一緒に磨けたら」

学生たちが神河町にある宝ものを見つけて、それを磨くにはどうしたらいいのかを考えていく。このプロジェクトはまさにそれがねらいだったのだ。

プロジェクト型授業を行うにあたって重視したのは、神河町が抱えるさまざまな問題を、学生たちがいかに「自分ごと」としてとらえられるようにするかということだったという。問題を「他人ごと」ではなく「自分ごと」にしてしまえば、課題解決に積極的に関わろうとするエネルギーが生まれるからである。そのため、感性に訴えかけるような仕掛けを用意したという。

一つは、人に会うこと。町役場の人はこうも話していたそうである。

「(町の)いちばんの宝ものは人です」

学生たちは大学を飛び出し、町の人に会いに神河町に向かった。

学生たちは二年生で、各年約六十人が参加。神河町で一泊二日の合宿を行い、町の中をフィールドワークし、地域の現状を把握。問題や課題がどこにあるのかを見極めていく作業を行った。

まず、神河町職員に全般的な話を聞き、現地を見て歩いた。

神河町の砥峰《とのみね》高原。ここは自然豊かな場所で、映像作品の撮影場所としてよく使われている。たとえば、二〇一〇年公開の映画「ノルウェイの森」(村上春樹原作)、二〇一二年のNHK大河ドラマ「平清盛」、一四年の「軍師官兵衛」、二〇一六年公開の人気コミックを実写映画化した「信長協奏曲」もこの高原でロケが行われた。

ほかにも、農業法人の山田営農、空き家活用をしている地域などを二日かけてまわっ

神河プロジェクト

た。

その上で各ゼミを班分けし、以下のようなテーマを割り振った。

- 砥峰高原での夏のイベント企画提案
- 山田営農のある山田地区の空き家を宿泊施設として利用する、農業体験プランの提案
- 親たちが自分の得意分野を子どもたちに教える、「パパ・ママ講師」の仕組みを提案
- 空き家利活用のために、空き家に置かれたままになっている仏壇を預かったり、片付けを代行したりする仕組みや、若者に古民家の良さをSNSで発信してもらう制度を提案
- 映像作品をつくり、YouTubeで公開

映像班はさらに班分けをし、次の四つのテーマで映像作品を制作する。
・「たからもの」ミュージックビデオ（2バージョン）
・地元の木材で建てられた越知谷小学校
・神河町自慢の名水
・神河町のマスコットキャラクター「カーミン」をテーマにした映像作品

映像制作を指導した岡崎教授はいう。

「映像撮影を制作するのは、学生たちなりの視点で地域の宝ものを見つける手段として役立つと考えました。また、感性が共振する瞬間を創りだすために、音楽の力を活用したいとも考えました」

そこで翌年二〇一六年には、学生の活動の自由度を高めて、地域の住民との交流機会を増やした。山田営農のある地域では、住民の皆さんと米、米粉、野菜、ブルーベリーを使ったランチを一緒に料理して食べたりしたが、それ以外はゼミ生の自由行動を許可した。一年目は団体行動だったのである。

また、子どもたちと遊びながら、お母さんから子育てについての聞き取りを行い、親子イベント「歌と遊びのつどい」という行事を、町の児童センターで開催している。このときには、「たからもの」をつくったアヤヲさんと山田明義さんのコンサートもあり、マスコット「カーミン」もあらわれて、盛り上がった。

授業以外でも、大学祭で山田営農の米粉で作ったお好み焼きや、ゆずジュースを販売したり、神河町の秋祭りに参加する者もいて、町の人たちとの関係はグッと深くなった。一六年のさらなる工夫としては、前年に神河プロジェクトに参加した経験者の学生を六人、後輩を支えるピアサポーターとして参加させたことだ。彼らの経験が後輩に繋がる効果をもたらした。

政策テーマに関しては、希望のテーマ数が増えたため、班をさらに細分化した。

〈**観光客呼び込み**〉

- 家族をターゲットにした自然を体験できるサマーキャンプ
- 水車のある地区に人を呼び込むための水車祭りを彩る灯籠作り

〈**米粉の用途開発**〉

- 米粉せんべいやパウンドケーキを提案

・米粉が小麦アレルギーのある人にとっての代替品になること、小麦に比べて油の吸収率が低くヘルシーであることを強調したCM動画を作成

〈子育て支援〉

・子育て支援制度に関する情報がうまく伝わっていないことを知り、ママ友の交流を通じて情報を伝える方法を提案したり、地域住民同士の強い繋がりを子育て支援に繋げる提案

〈移住促進〉

・婚活イベント開催を提案
・空き家を利用して短期間のお試し移住と、配置されたばかりの移住コーディネーターの活用案を提案
・移住者へのインタビューをもとに移住促進のCM動画を制作

〈神河町の魅力を発信する映像作品を作る〉（テーマは以下の通り）

・ニュース番組の演出で神河町の名水を紹介
・山田営農の六次産業化の取り組み
・リノベーションカフェ「楽や」など空き家活用の取り組みを紹介

・町のマスコットキャラクター「カーミン」の歌にのせて神河町を紹介

そしてプロジェクト最終年の二〇一七年には、さらに学生たちの自由度、自立度を上げた。過去の二年は、学生たちの行く場所や、誰を取材するかは担当教員が決めていた。しかし最終年は、それも学生たちに委ねた。どこに行き、誰に会いたいかを決めるプロセスで、より「自分ごと」ととらえられるようにだ。

この年の提案も興味深いものがでてきた。

〈観光客を呼び込む〉

・サイクリングの町としての神河町の可能性を見いだし、川沿いをファミリーバイクで散策するコースの改善案と本格的なヒルクライムルート開発の提案

・砥峰高原と県指定文化財の福本遺跡の魅力を地域の人たちが自ら情報発信する基盤作りを提案

・神河町の玄関口、ＪＲ寺前駅の駅前商店街通りでさえ人通りや車の交通量が少ない点を逆に利用して、駅前通りへの車の乗り入れを禁止し、子どもが自由に遊べ

る空間作りを提案

・銀の馬車道が日本遺産に登録されたが、地域住民は意外と盛り上がっていない。観光資源として盛り上げていきたい行政と、住民の間に齟齬《そご》があると感じたので、両者の話し合いの必要性を提案

・ヨーデルの森や山田営農がある山田地区にある「かんざきピノキオ館」といった観光施設への改善策の提案

〈子育て支援〉

・豊かな自然を活用し、若い親をターゲットにして、自然の中で親子が一緒に遊べる参加型イベントを提案

〈農産物のブランド力向上〉

・農産物ブランドを育てるために、気候風土にあったわさびなどの農産物を導入し、地域内で農産物が流通する仕組みをつくることを提案

・神河町の農産物や加工品を若者や都市住民に告知して販路を開拓するため、試食販売イベントの実施と「神河ファンクラブ」というネットコミュニティによる情報拡散を提案

〈ミュージックビデオ制作〉
・ミュージシャンたちの神河プロジェクトへの思いを聞くインタビュー動画と、住民それぞれが思う「たからもの」を映像でドッキング
・移住者や地域おこし協力隊の人たちに、神河町の人についてインタビューした動画を制作
・「おいでよ、ヨーデルの森」というタイトルで、動物と触れあえる観光施設ヨーデルの森をＰＲする動画を制作

以上が、学生が提案した内容だが、毎年かなり具体的になっていった。

これらの映像作品や政策提案に関しては、毎回、山名宗悟町長以下、町会議員、町の職員などを前に発表した上で議論。町民の前でも発表会をしたり、ディスカッションしたりしている。

また、二〇一七年には、町だけでなく兵庫県議会の「サテライトゼミ」で、映像作品が上映されたほか、政策提案も行った。映像に関しては「完成度が非常に高い」「そのまま兵庫県のＰＲ動画として使える」「県議会をテーマに制作してほしい」という声が、

また政策提言についても、「若者らしい斬新な発想で、行政とタッグを組める内容だった」という声が議員から聞かれた。

学内でも、公開シンポジウムを開いて発表の場をもうけるなど、さまざまな機会に意見交換する場をつくっている。

現代社会学部を二〇一四年に開設して以来、神河町のケースのような、地域と交わりながら学び、地域に貢献する、そうした多様な地域連携型学習を展開している。いわば、プロジェクト学習による課題解決型アクティブ・ラーニングである。

そうしたアクティブ・ラーニングの特徴は、教員が教えるだけでなく、どちらかといえば、学生自身で能動的に学びを深めていくというスタイルにある。学部全体の特色としてアクティブ・ラーニングを打ち出しているのは、全国でも珍しい試みだろう。地域の課題に向き合いながら、実際に解決していくことで「生きた知」を身につけられるような取り組みをしている。

二〇一八年度からは、神河プロジェクトでの経験を活かし、兵庫県の北部にある養父《やぶ》市に舞台を移し、地域連携型の取り組みを推進している。この取り組みは「やぶ♡《らぶ》プロジェクト」と名付けられた。

このプロジェクトも、神河プロジェクトと同じ現代社会学科の三つのゼミが関わった。二年生の約七十人と三年生のピアサポーター六人のメンバーが参加し、養父市の地域活性の可能性を若者の視点から探求している。

清原ゼミは女性・高齢者の活躍や子育て支援、日高ゼミでは農の再生と食のブランド化をテーマに政策提言を担当。岡崎ゼミでは、地域の魅力を発見して紹介する音楽・動画作品の制作、SNSを活用した情報発信にも取り組む。

この事業は兵庫県の「平成三十年度大学等との連携による地域創生拠点形成支援事業」の支援を受けて実施している。

養父市は、人口約二万五千人、高齢化率三七・九パーセントの町だ。そんな中でも、宝島社『田舎暮らしの本』が毎年発表する「住みたい田舎ベストランキング」では、「小さなまち」の分類で、近畿エリアでは何度か総合ランキング一位を獲得している。「やぶ♡《らぶ》プロジェクト」でも、養父市の実情に合わせた新たな成果が期待される。

淡路市との連携

淡路島の北部に位置する淡路市と本学は、多様化している地域課題に適切に対応し、より幅広い分野で連携を図り、地域社会の発展に寄与するため、二〇一七年十二月に包括連携協定を締結した。

この協定に基づき、二〇一八年度より、地域の魅力発信、地域活性化、防災・減災に関する事業を実施することとなった。以下、紹介していく。

◆地域の魅力発信に関する事業

地域の魅力発信に関する事業として、淡路市が公式インスタグラム「iine《いいね》 awaji《あわじ》!」を開設し、二〇一八年四月に「淡路市公認学生インフルエンサー」を募集。インスタグラムでの淡路市の魅力発信事業に、本学学生六二名が参加した。淡路市を訪れ、観光スポットなどのインスタ映えする画像を多数投稿し、淡路市の公式インスタグラムの充実と淡路市のPRに協力した。

◆地域活性化に関する事業

この事業は、本学の学生と淡路市若手職員とのプロジェクト。本学の学生と淡路市若手職員とでプロジェクトチームを立上げ、市の課題解決に向けた施策を短期集中型で検討するもの。実施期間は、学生の夏休み期間を中心に設定している。二〇一八年度の課題（テーマ）は、「観光プロモーション」「少子化対策」「ふるさと納税促進」の三つであった。

本事業については、計画段階から最終の政策提案まで、共通教育センターの中村光宏講師が指導・助言に関わっている。参加者は、学内・市役所内の公募で集まった本学学生一五名と市の若手職員一二名。各プロジェクトチームは学生五名、市職員四名で構成された。

学生たちは、六月に本事業の概要、今後のスケジュールなど事前のオリエンテーション、七月に淡路市職員から淡路市の全体像や市の政策・課題等についての事前研修を受けてプロジェクトに臨んだ。

八月十六日に市職員とともに政策立案研修を受けた後、三つのチームに分かれ、その後一ヵ月の間に淡路市内の視察を含め四回のグループワークを実施。チームごとに政策提案の内容をまとめ、九月二十三日に市長をはじめ関係部局の部長等を前に、政策提案を行った。

観光プロモーションチームは淡路市の観光ＰＲ手法を分析。ターゲットを定めず広く・浅いPRになっていること。観光客の割合として十代・二十代の若者が少ないこと。淡路市を訪れる観光客の内、九五％が日帰り客であることに注目し、淡路市を訪れる若者を増やすため、日帰り可能な関西の大学生をターゲットにしたSNS、特にインスタグラムの効果的な活用について検討。

ハッシュタグ検索の際、「淡路」を漢字表記にする方が、検索しやすいことや淡路市の「いい感じ」の画像をインスタグラムで拡散して「淡路＝いいかんじ」と印象付けるため、「いい感じ」と「いい漢字」をかけ、淡路市を表現する漢字を募集する「淡路いい漢字プロジェクト」を提案した。

少子化対策チームは、淡路市内でヒアリングした内容をもとに子育てしやすい環境整備のため、廃校となった学校を子どもたちの遊び場や自習、習い事のできる場、保護者の育児相談や子育て世代のコミュニティーづくりの場とする「廃校再興プロジェクト」を提案した。

ふるさと納税促進チームは、淡路市のふるさと納税者の約六割がリピーターであること。全国的にはふるさと納税者は増えているが、淡路市への納税者は減っていること。ふるさと納税の制度変更に伴い返礼品調達価格を三割以下にとの総務省の通達により、他の自治体から新規納税者を取り込むチャンスであることを踏まえ、更なる淡路市のPRを推進するとともに、淡路市のふるさと納税者は男性よりも女性が多いこと、などに注目。

家庭において財布の紐を握っているのは女性の割合が多く、また妻が夫の名前で納税している可能性も考慮し、女性の新規納税者獲得を意識した。「頑張った私への〝ご褒美〟」をコンセプトに特別感・プレミアム感のある返礼品のオリジナルブランドを淡路市に起こしてもらい、ブランドコンセプトに沿ったSNS映えする返礼品の充実、オリジナルロゴデザインやパッケージの統一、女性向け雑誌やSNS、淡路市HPの特設ページの開設などを提案した。

中村光宏講師の指導・助言の下、各課題の現状把握や関係資料の分析、現地でのヒアリング調査などを基に、学生の既成概念にとらわれない柔軟な発想と市職員の経験や知識のコラボレーションにより生み出されたそれぞれの提案内容については、それぞれ担当部局で検討のうえ、実現可能なものから市の政策に反映された。観光プロモーションチームが提案した「淡路いい漢字プロジェクト」については、その年の十二月から始動。ふるさと納税促進チームが提案した内容についてもその実現に向け、準備が進められている。

◆淡路市連携大学まちづくり活動補助金

本事業は、大学が市と連携し、淡路市をフィールドとして取り組む大学等の授業や研究活動等のプロジェクトを支援する制度である。若い力で地域を盛り上げ、学生の柔軟な発想、教員の専門的な知見により、地域を活性化させることを目的としている。

二〇一八年度は、経済学部の関谷ゼミ、現代社会学部の中野ゼミ、グローバル・コミュニケーション学部の森下ゼミの事業計画の申請が採択され、淡路市内でのイベント開催やフィールドワークなどを通して、学部の専門的な知見を活かした地域活性化のための提言を行った。

森下ゼミは淡路市「和紙工房松鹿」の手漉《てす》き和紙に漉き込んだ「和紙art」の栞《しおり》やはがきなどを、淡路市の「ちょっとしたお土産」とした。

◆防災・減災に関する事業

本事業の一つとして、本学「防災女子」と淡路市の女性消防団である「しずかファイヤーズ」とが連携し、女性ならではの視点から防災関連の取り組みをスタートさせた。二〇一八年度は、次年度から本格的な連携活動を行うための意見交換会を実施した。二〇一九年十月には、地域住民への啓発や防災行政に反映していけるよう、「災害時における女性視点で必要なもの」をテーマにワークショップを開催した。そこでは、女性・母親目線でできることを検討した。

子育てサロン「まなびー」

少子化問題はいまや一番の社会問題になっているが、大学としても子育て支援をすることで地域社会への貢献をする方法を探っている。

人文学部人間心理学科で発達心理学を勉強している学生たちは、子育てサロン「まなびー」を通して、日頃学んだことを社会に還元しようとしている。

二〇一一年から週一回のペースで子育てサロンを開いてきたが、二〇一四年からは神戸市子育て支援拠点事業に参画して、「まなびー」として開室するようになった。この活動は、二〇一八年度から新設された心理学部に引き継がれている。

対象は地域の就学前の乳幼児と保護者で子どもだけを預かるという保育園のような形

態ではなく、親子連れに子育て交流の場を提供している。通常、保育士二名が見守るプレイルームを、子育てサロンとして使っている。

安全なプレイルームで子どもを遊ばせながら、保護者同士の交流が図られたり、コミュニティづくりができる。また、育児や発達などに関する相談がある場合には、その分野を研究する大学教員に繋いだりもしている。

学生や大学院生が加わって特別プログラムが定期的に開かれる。年度によってメニューは変わったりするが、これまで実施されてきたプログラムを列挙すると、次のようになる。

〈えいごであそぼう〉
英語の絵本や歌カードを用いて、英語に親しむだけでなく、コミュニケーションを取る楽しさを伝える

〈絵本の世界であそぼう〉
学生が、絵本の世界を紙芝居や劇などにしたてて演じてみせる

〈からだをうごかそう〉

リズミカルな曲に合わせたダンス、トンネル遊び、宝探しゲームなど、遊びながら体を動かしてもらう

〈つくってあそぼう〉

オリジナルのアルバム、クリスマスにはツリーの飾り付けをしたりする

〈おとであそぼう〉

ペットボトルを利用したマラカスや紙皿を利用したデンデン太鼓など、学生が手作りの楽器をつくって、音楽や歌を楽しんでもらう

〈遠足〉

一般社団法人クルレの協力を得て、六月はじゃがいも掘り、十月はさつまいも掘り、十一月は落花生掘りなどを体験してもらう。有瀬キャンパスから貸切バスでポートアイランドキャンパスに移動して、ピクニックを行うこともある

こうした活動が、地域の子育ての一助となれば嬉しい。また、学生たちも子どもたちや親とのコミュニケーションの中で得られた経験を専門の学びに結びつけている。

学生が大手菓子メーカーと商品開発

手元に、大手菓子メーカーの株式会社ブルボンが二〇一七年に新商品を発表した際、報道関係者向けに送ったニュースリリースがある。

「白のアルフォートミニチョコレート塩バニラ」

「ブルボン、神戸開港一五〇年記念商品」

サブタイトルには、「神戸学院大学および神戸市との産学官連携による共同開発」と書かれている。二月二十八日から約一年間の期間限定で発売された。一般の消費者にとっては、見慣れたチョコレート菓子かもしれない。しかし、ここには学生たちのアイデア、学び、喜び、苦悩などが詰まっている。

産学連携といえば、一般的には大学の研究者が中心となって、新技術の研究開発や、新事業の創出を図ることを目的とした取り組みのイメージが強いかもしれないが、近年では、教育を軸とした産学連携によるさまざまな取り組みも進められている。

今後の情報化、グローバル化に伴い、急激に進化する社会に挑戦できる次世代の育成は社会課題である。

企業にとっては、次世代育成への寄与とともに、学生ならではの発想やアイデアから

兵庫県庁での共同記者会見。㈱ブルボン　井手規秀取締役、学長、開発に関わった学生たち

の発見や気づきを得られ、大学（学生）にとっては、企業から企画開発の厳しさ、販売に繋げる難しさなどマーケティングの実践を学ぶとともに、学んだことを社会の中で活かすことへのやりがいや、責任を全うすることの難しさを体験できる。

さてブルボンとのコラボである。「ブルボンって神戸の会社だっただろうか」と疑問に思われた方もいるだろう。ブルボンは一九二四年に創業した新潟県柏崎市に本社を置く会社だが、二〇〇九年に事業の多様化やグローバル化への対応のため、ポートアイランドの医療産業都市構想地域に西日本地域の拠点として神戸オフィスを設置したのである。

同社との連携のきっかけは、東京で開催される「神戸のつどい」である。神戸にゆかりのある政財界人に対して、神戸の新たなステージに向けた主要なプロジェクトを発信する取り組みで、二〇一三年に地域をテーマにした産学連携事業の紹介ブースを本学が出展したことに始まる。

同社社長の吉田康氏がブースを訪れた際、取り組みに関わった栄養学部の学生がプログラムを通して得た学び、かけがえのない体験をしたことを語る姿に共感してくださり、「繋がり」が生まれたのである。

同社と「神戸」との縁はそれ以外にもある。一九二三年に発生した関東大震災。震災の影響で地方への菓子の供給が全面ストップした窮状を見た、ブルボンの前身「北日本製菓」の創業者である初代社長吉田吉造氏が、「地方での量産工場による菓子作り」を決意したのである。

そして、菓子事業に次ぐ社会貢献の柱としてミネラルウォーター事業への参入を決め、生産をスタートさせた日が、戦後初の大都市直下型地震「阪神・淡路大震災」が発生した当日の一月十七日で即日出荷となった。

ストック生産するはずだった水を急遽、救援物資として送り続けた事は、災害が起きたときには支援を優先することが創業の原点であり、ＤＮＡであることを改めて感じる出来事であったと伺った。そうした企業の歴史もあり、「神戸」に縁を感じ、本学との連携がスタートしたのである。

神戸開港一五〇年

二〇一七年。神戸港は開港から一五〇年を迎えた。

ＳＮＳの撮影スポットとして有名なモニュメントが、メリケンパーク（兵庫県神戸市中央区）にあるのはご存知だろうか。神戸港開港一五〇年を記念して、神戸港を背景に、真っ白な「ＢＥ　ＫＯＢＥ」を象ったモニュメントが設置されたのである。

「ＢＥ　ＫＯＢＥ」は、震災から二十年をきっかけに生まれた「神戸の魅力は人である」という思いを集約したシビックプライド・メッセージである。

震災をきっかけとして地域・社会・世界に貢献するたくさんの活動が神戸から生まれたのには、〝みなとまち〟としてさまざまな流行や文化を生み出し、次々と発信してきた神戸の歴史に起因するのかもしれない。

そのような歴史を持つ神戸にとって、「神戸港」の存在は特別であり、神戸のまち全体が「神戸開港一五〇年」に沸いた。

そのような中、地元の大学として、大きな節目の機会に神戸に集い、学ぶ学生たちに、「神戸」とその歴史・文化について学び、発見の中から試行錯誤を繰り返し大きな経験に変えてもらいたいという思いからブルボンに相談し、記念商品開発が進められた。

二〇一五年三月から活動がスタート。経営学部（辻幸恵教授）と現代社会学部（日高謙一准教授）の学部連携チームが発足し、マーケティング、流通などを専門とする教員が指導にあたった。

学部連携には、一つの思いがあった。現代社会学部では、自分たちを取り巻く社会の仕組みや課題をテーマに主体的な学習の中から、幅広い視野を身につけ読み解く力を目的とした学びを展開し、経営学部では、マーケティング戦略等について専門的な学びをしている。

両者の視点がチームとして繋がることで、互いに刺激し合い新しい価値を創造できるのは、本学の強みである。

最初に、「神戸」と「港」について学ぶためにフィールドワークを実施した。六甲山や南京町などの神戸の観光地として有名な場所や、神戸産の農水産物を調べる中で、開港により神戸の街にはたくさんの外国の文化や風習が入り、神戸から日本中に広まったことや、いまも神戸の街にとけこみ「まちの個性」として神戸のイメージをつくっていること、神戸には豊かな自然の恵みがたくさんあることがわかった。

また、神戸市の協力を受けコンテナ船や神戸港に着岸している旅客船の見学を行い、学生たちの中では、「神戸港」はオシャレなウォーターフロントというイメージがとても強かったようだが、神戸港の歴史やその役割を知ることで印象が大きく変わったという声が多く上がった。

フィールドワークで調査した内容をキーワードに落とし、そこから連想されるイメージや発想を加え商品提案を行う。商品提案にあたり、ブルボンの商品研究も進めた。販売されている環境や購入者層、食べるシーンを想像し、価格の妥当性、「どのような商品であれば売れるのか」などを議論した。

ブルボンの担当者との打ち合わせも何度も行い、菓子の種類や歴史、商品ができるまでの工程、そして菓子のもつ魅力について話し合った。

チームで考えた、三十七件のアイデアをブルボンの担当者のアドバイスを受けながら、ブラッシュアップ、最終提案を十件に絞り、完成した商品が「白のアルフォートミニチヨコレート塩バニラ」である。

活動開始から二年。商品の完成に伴い、二〇一七年二月二十七日に、神戸市役所で記者発表を行った。商品開発に関わった学生が、ブルボンの取締役（営業部長川上深氏）と、神戸市副市長（岡口憲義氏）と並んで、記者会見に臨んだのである。その記者会見で、学生が発表した商品説明の一部をここで紹介したい。

「この商品は、神戸そのものをアピールできる普遍的テーマにしたいと考え『海』をメインテーマとし『港』と『神戸』のイメージが伝わるように商品の提案を考えました。神戸のまちや港は目に見えるものですが、『神戸ブランド』といわれるイメージは可視化することができません。

手に取った人が、目に見えない価値あるものを感じ『神戸っていいな』『行きたいな』と想像させられるような商品にしたいと思い『白のアルフォートミニチョコレート塩バニラ』を考えました。

神戸は、開港により外国文化がいち早く根付いた街。その歴史は、いまも神戸の街に多く残っていて、『神戸のイメージ』をつくっています。そのような当時の『ハイカラ』文化をコンセプトに加え、商品で表現する方法を考えました。

土台となる商品を『アルフォート』に決めたのは『帆船をモチーフとしており、海を連想させる商品であること』そして消費者目線に立ったとき、性別や年代を問わず誰もが手に取りやすい形態であることです。

商品の味やビジュアルは、神戸の軽やかでさわやかな『上品』なイメージを表現したくて『白』に統一しました。

また、神戸が海と山が臨める、豊かな自然に囲まれている街であることを表現するために『海の塩』と『六甲山牧場のミルク』を味のイメージとしました。パッケージデザインは、神戸開港一五〇年記念のロゴマークと神戸を象徴する風景です。『真珠の街神戸』を表現したくて真珠をイメージした丸型の水玉模様をデザインに入れています。

今回のプロジェクトに参加して、『神戸』『港』というイメージをどのように商品に込め表現するかという壁にぶつかり、目に見えない価値あるものを『伝える』大切さと難しさを学びました。

この商品を通して、神戸の魅力が少しでも伝わり、ひとりでも多くの方がこの機会に、神戸を訪れ神戸の街がもつ別品な空気を体験してもらいたいという思いから、この『白のアルフォートミニチョコレート塩バニラ』が『神戸への招待券』となれば嬉しいです」

新聞記者が並ぶ神戸市役所の会見室で、緊張した面持ちで一生懸命に自分たちの思いを語る学生たちの姿がとても印象的だった。

商品はスーパーやコンビニエンスストアなどで販売されたが、それとは別に学生たちも販売後の活動に加わった。それは、商品の完成がゴールではなく、自分たちが込めたメッセージとともに、「神戸開港一五〇年」を多くの人に伝え「神戸」そして「これからの神戸港」について考えてもらいたいという思いから、商品を活用したPR事業を神戸市や地域と連携して実施したのである。

自分たちが考案した商品を使い、同じ目的を持って、行政や企業そして地域の方々と一緒に活動する。この一体感は何物にも代えがたい経験と気づきを学生たちに与えてくれた。

二月二十七日から販売を開始したこの商品は、当初の予想を上回る人気で追加生産が決定した。全国紙で取り上げられたこともあり、地元の神戸だけではなく、他都市の新聞報道を見た方からどこで購入できるのかといった問い合わせが大学に入ることもあった。

地域とともに

この取り組みは、翌年も継続されその活動は後輩たちに引き継がれた。彼らは、先輩の姿からいろいろなことを感じ学んでいたようで、期待と緊張とが混ざった表情で、ブルボンの担当者との打ち合わせに臨んでいた。第二弾の商品は、国際貿易港が開港して兵庫津に兵庫県が設置されたという歴史になぞらえ「兵庫県政一五〇周年」をテーマとした「神戸しっとりチーズケーキ」である。

この商品は、同事業の記念商品であるとともに、兵庫県との地域創生に係る包括連携協定に基づく取り組みの成果という意味もあった。

この商品を完成させるにあたって、前回とは大きく異なる苦労があった。それは「兵庫県」が、摂津、播磨、但馬、丹波、淡路の五つの国が一つにまとまったという歴史的背景から、それぞれの地域の文化や特色が大きく異なるため、それを一つの商品の中でどのように表現したら良いのか、学生たちは悩んだ。それぞれの地域のキーワードからイメージを膨らませ、共通項を探す工程を繰り返し、五国の風景を連想させる「色」に共通項を見出し、そこから商品に繋げていったのである。

県花「のじぎく」や白鷺城と呼ばれる播磨の姫路城、但馬のコウノトリ、淡路の鳴門海峡の渦潮、丹波の蛍の光、神戸の異人館や真珠など、五国の風景を連想させる白と黄色の色あいから、それらを連想させる菓子としてチーズケーキを選択。また、兵庫は開港により外国文化がいち早く根付いた街で、中でも「神戸」は全国的にも洋菓子のブランド力を持つ。日本での歴史は諸説あるが、チーズケーキが注目され人気が高まる先駆けが神戸の洋菓子店であったといわれていることから、商品名に「神戸」と付けた。

そして、学生から兵庫県内の企業である六甲バター株式会社のクリームチーズを使いたいという強い希望をブルボンに出し、商品の裏面に「神戸学院大学との共同開発商品」という文字とともに「六甲バターのクリームチーズを使用」と記載された。突然の学生の希望にも関わらず、六甲バターが許可を出してくれたのは、地元企業として学生を応援したいという思いからだ。同社と本学が連携関係にあったため、学生の願いを叶えてくれたのである。

完成した商品は、二〇一八年十月二十三日から兵庫県を中心とした地域限定商品として発売を開始したが、翌年一月に再販が決定し、販売エリアを拡大し全国で展開されることとなった。

先行販売する機会にも恵まれ、県政一五〇周年事業の「ひょうご五国博 ふれあいフェスティバル in 東播磨（県立明石公園）」で、開発に関わった学生たちが直接、地域の方にお披露目する機会を得たことはとても嬉しいことであった。

そして、ＰＲ（販売）活動においては思いがけないことがあった。

それは、商品の説明を熱心にする学生たちに対して「神戸学院大学の卒業生です」「孫が神戸学院大学に通っています」など、本学にゆかりのある方々が、本学の名前と学生たちの姿を目にして、自ら声をかけてくださったのである。

卒業生から「母校がこのような活動をして、後輩が頑張ってくれているのがとても嬉しい」という言葉をもらったことは、大学にとって何より嬉しいことであった。

ブルボンとの取り組みは、学生たちにとって発見の連続であった。

同社の担当者と打ち合わせを繰り返す中で、商品のコンセプト、製造における実現性や商品としての安全性・安心性の担保など、机上では理解していたつもりでも現実に商品を考えるとなるといろいろな壁にぶつかった。また、「商品を作って売る」だけではなく、発想次第でそのモノ自体がいろいろな繋がりを生み、新たな機会を創出することも学べた。販売活動の中で、生きたマーケティング戦略を体感したのである。

二〇一九年度に取り組んだ第三弾の商品は少し学びの視点を変えたものとなった。「阪神・淡路大震災」を題材とした共同開発商品「ひょうごBOSAI 天然水」については後述する。

「マラソンレシピ」の開発

全国で多数の都市型市民マラソンが開催されている。神戸では、二〇一一年に「神戸マラソン」が誕生した。同大会は、兵庫県、神戸市、兵庫県教育委員会、神戸市教育委員会、兵庫県陸上競技協会が主催するもので、二〇〇一年から開催されていた神戸全日本女子ハーフマラソンを前身としており、本学はその頃からボランティア等で関わりを持っていた。

「神戸マラソン」は地域のスポーツ振興における一つの柱である。地元の大学として関わる中で、大会を通して多くの学生が成長する姿を見せてくれた。

同大会は「感謝と友情」という大会テーマを持ち、「阪神・淡路大震災」からの復興、そして現在に至るまで「手を差し伸べていただいた国内外の人々や地域への感謝の気持ち」を表明する大会にしたいという想いがある。

そのような大会に関わる中で、互いに支え合う心、「ありがとう」の言葉の大切さ、人に伝えることの難しさを学び、仲間とともに活動をすることで心が一つになることを関係者共々実感している。

スポーツ立国戦略の基本的な考え方（目指す姿）として、「する」「みる」「ささえる」という言葉がある。この考え方を基に、本学では、ボランティアだけではなく、ランニングクリニックの開催や、救護体制の強化への支援、そして学部の学びを活かしたランナーサポートとして、「マラソンレシピ」の開発を行っている。

「マラソンレシピ」は、神戸マラソンに参加するランナーを普段の食生活からサポートすることを目的に、同大会のオフィシャルスポンサーである六甲バターと連携し、栄養学部が二〇一五年から取り組んでいる。

同社との連携のきっかけは第一回大会に遡り、「ランナーのために一緒に何かできないか」という相互の思惑から取り組みがスタートした。

このレシピブックは、毎年作成しており、栄養学部生全員が応募対象者となる。毎年、約二〇〇件の応募があり、一次・二次の学内審査を経て、同社を交えて最終審査を行っている。レシピを考案するために、学生たちはマラソンがどのような競技で、身体にどのような影響を及ぼすのかを学び、不足しがちな栄養や、身体の回復を高めるために必要な栄養素等を念頭に置きながら、レシピを組み立てる。

その際には、材料に同社のチーズを取り入れることを前提としている。チーズには、ランナーの体づくりやパフォーマンスの向上、ケガの予防などに必要な良質たんぱく質、カルシウムが比較的多く含まれており、運動後にチーズ等の乳製品に含まれる乳たんぱく質を摂取することが、筋たんぱく質の蓄積を促すこと、運動後に糖質とたんぱく質を合わせて摂取することが、練習や試合後の筋肉の回復を高めることが報告されている。

最終審査を通過したレシピが、「マラソンレシピブック」に掲載される。掲載までには、何度も指導教員と打ち合わせを行い、材料や分量の見直しなどレシピのブラッシュアップを行い、完成したレシピは学生自身が調理し、プロのカメラマンによって撮影される。レシピブックは、毎年三万枚が印刷されて、神戸マラソン関連イベントや、神戸マラソンＥＸＰＯにおいて出走する二万人のランナー全員に配布されるとともに、同社の公式ホームページで、本学教員によるランナーへのアドバイスとともに配信される。

学びのフィールドのひろがり

ブルボンや六甲バターとの取り組みは、学生にとって、学部での学びの延長でもあり、得られる学びの大きさは、気づきの大きさに比例し、そこから無限大の可能性を秘めている。

こういった学びの場は、前述のような大学が主体的に行っている取り組みもあれば、地域が主体となったものもある。神戸市は、二〇〇八年に、アジアで初めてユネスコ創造都市ネットワークの「デザイン都市」に認定された街である。シンボルとなる創造と交流の拠点である、「デザイン・クリエイティブセンター神戸（ＫＩＩＴＯ）」を象徴に、創造性を育むための多彩なプロジェクトやさまざまな取り組みが推進され、学生を対象としたものが多数ある。

二〇一二年からスタートした、神戸市経済観光局農政部農水産課が所管する「ＫＯＢＥ〝にさんがろく〟ＰＲＯＪＥＣＴ」もその一つである。同事業は、神戸市の農漁業の現状を、次世代を担う若者に知ってもらうことと、連携・交流を促進するネットワークづくりを目的としている。参加学生が主体となって企業や農漁業者、クリエイターの協力の下、「神戸」を知り、新たな「ものづくり」や「ネットワーク」づくりに挑戦する取り組みである。

そのほか、二〇一七年からスタートした「078KOBE」も、人口減少が続く神戸市の「神戸二〇二〇ビジョン」に基づき、「新しい価値の創造」を目的として実施されている。両取り組みとも、スタート時から本学の学生が多数参加し、地域政策を背景に、神戸の大学で学ぶ学生だからできる経験と学びを広げている。このような取り組みは、自治体と大学、そして企業等との連携のもとに生み出されている。

ひょうごBOSAI天然水

本学には震災を経験していない世代の学生たちが入学してきている。これからは、震災を知らない世代が社会人となり、社会を牽引することになる。

「震災の経験、教訓を風化させない」。この言葉にはどのような意味が込められているのか。その意味を、震災を経験した世代は、次の世代へとしっかりとバトンとして引き継がなければいけない」。

有瀬キャンパスにある「塔時計」は、常にそのことを語りかけ、本学の原点の一つでもある。

その思いを改めて実感する機会があった。ブルボンとの連携における第三弾となる取り組みである。

阪神・淡路大震災から二十五年を迎えることを機に、阪神・淡路大震災と縁の深い、「ミネラルウォーター」の商品開発を行うことになった。

取り組んだのは、第一章で紹介した現代社会学部社会防災学科である。商品のサイズは、五〇〇㎖のペットボトル。商品の特徴や形状から、日常生活での携帯を想定し、災害時の一次避難情報を掲載することに決めた。

そこで、兵庫県にデザイン協力を得て、兵庫県及び兵庫県内の市町から、避難に関する緊急情報や地震、津波、気象警報などの防災に関するあらゆる情報を得ることができる「ひょうご防災ネットアプリ」のＱＲコードを入れた。このアプリは十二外国語対応や音声読み上げ機能、ピクトグラムが使われている。多くの人にわかりやすい防災情報が発信されているため、インバウンド客や兵庫県で働く外国人たちが、突然の災害に対して情報難民にならないための必須ツールだと学生が考えた。より多くの方に知ってもらいたいという想いからボトルラベルの中心にデザインし、災害時の一次避難行動を、わかりやすく伝えるために、ピクトグラムを用いて、地震、津波、大雨、土砂災害ごとに、災害発生時の注意事項を短い文章にまとめ二か国語で標記した。

災害毎に避難する場所が違うことを意識してもらうために、標識に用いられている「避難場所のピクトグラム」を入れ、カラフルな色使いでまとめ、日本語の文章を関西弁で表現することで、親しみやすさとともに、手に取った人が思わず読んでしまうような、目を惹くデザインになるように工夫をした。この商品の完成に伴い、兵庫県庁で開催した記者会見で、開発に関わった学生の言葉がとても印象的であったのでその一部を紹介したい。

「災害時は誰もが想定できないようなことが起こります。大切な命を守るために、知識や情報を得る方法を知り、それを実際に『体験』することで、工夫や応用する力を得ることができます。商品開発という機会を通して、知識だけでは上手くいかないことや、物事を多面的にとらえることの難しさを改めて学ぶことができました。

私たちは、阪神・淡路大震災を知らない世代ですが、実際に震災を体験された方や、大学の先生に直接教えていただく中で、災害の本当の恐ろしさや怖さを知りました。そして、災害という逃れられないものに対して、向き合い、助けようとする人の存在を知り、私たちもそのような存在になりたいと思うようになりました。

今回、このような機会をいただいたことで、その思いを少しだけ実現できたように感

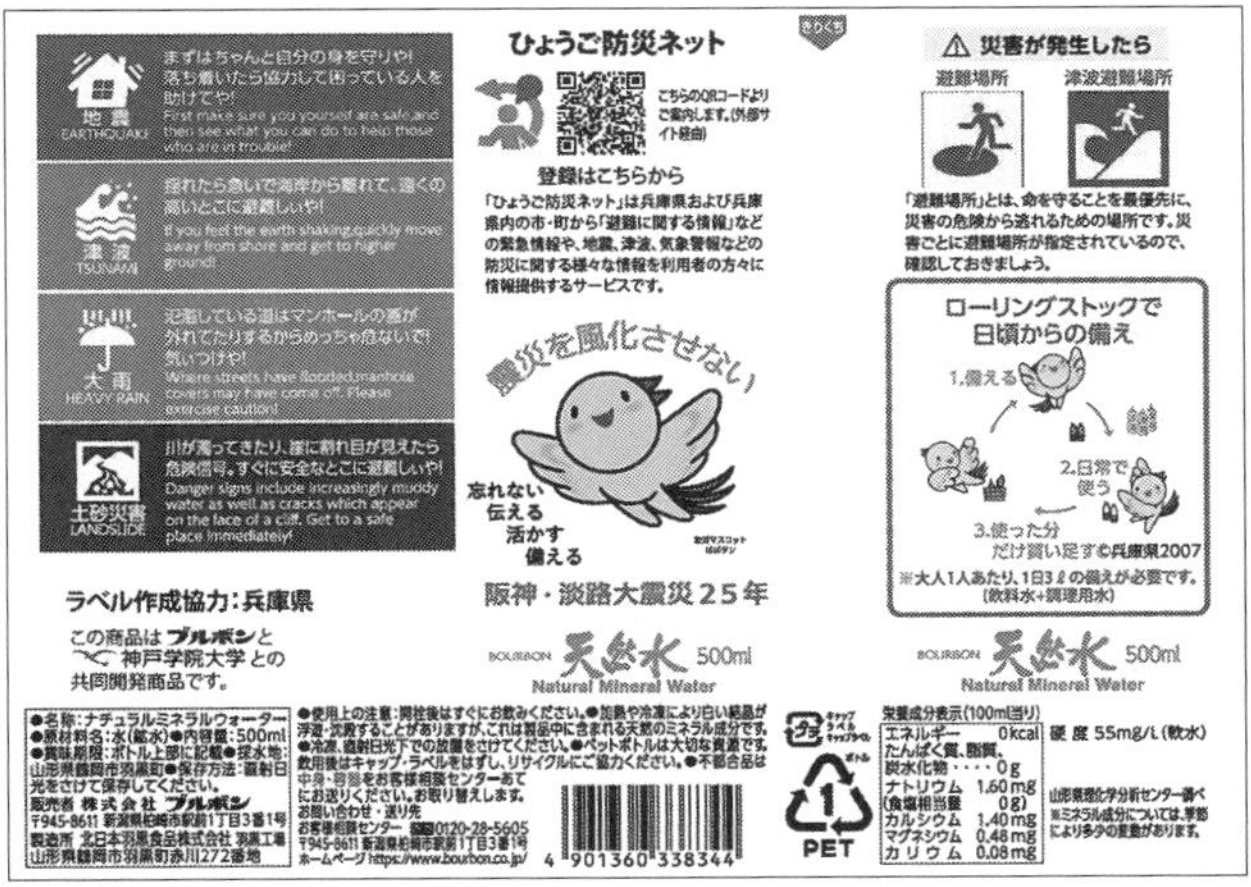

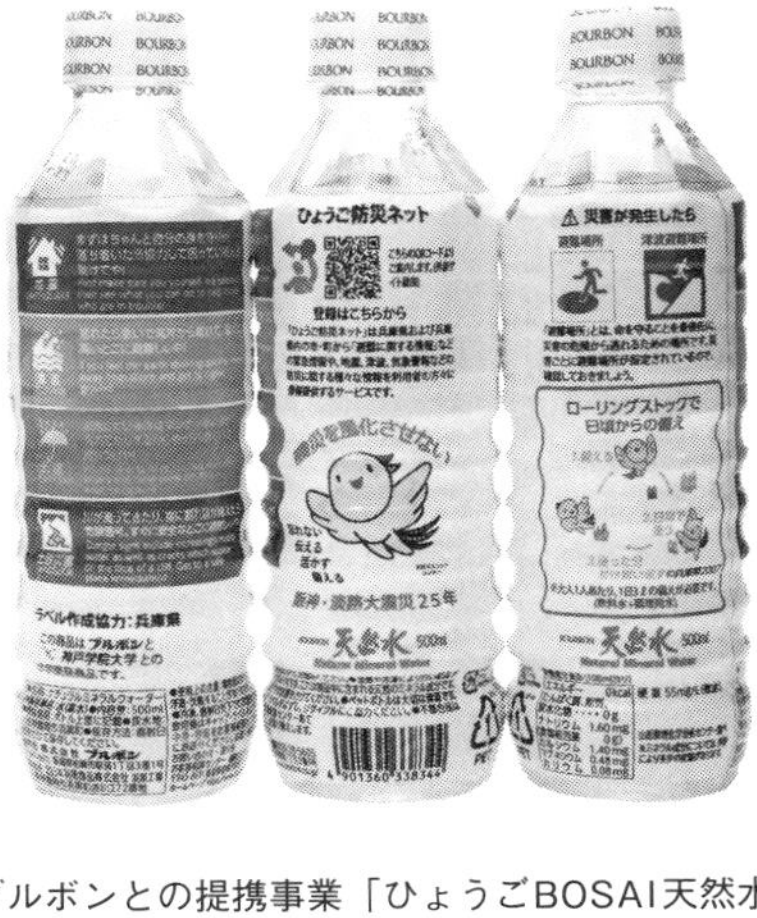

ブルボンとの提携事業「ひょうごBOSAI天然水」

じています。この商品を通して、『自分自身や家族で〈防災〉について考えてもらいたい』という思いを込めて作りました。私たちにとって、阪神・淡路大震災の存在は『歴史』ではありません。二十五年前の教訓は、私たち、震災を知らない世代が受け取り繋げていくバトンです。

この『ひょうごBOSAI天然水』がそのバトンの役割の一端を担ってくれることを願っています」

記者会見に同席していた早金孝防災監も、この学生の思いを受け、兵庫県としての思いをその場で語ってくださった。この記者会見は、あの塔時計が止まった瞬間から経過した時間を走馬灯のように蘇らせ、阪神・淡路大震災の教訓とどう向き合うか、大学の「教育」「研究」「社会貢献」において、学生、そして本学を取り巻くステークホルダーに対して、ともに助け合うことの大切さと尊さをどう伝えていくかという使命を、改めて実感させてくれるものであった。

震災二十五年事業「ひょうご防災フェスタ」

本学は「防災」を軸とした連携協定が多くある。本学が総合大学であり、防災は学際的領域であることと、現代社会学部社会防災学科を擁し、さまざまな取り組みを実施してきた実績を評価されているからである。

その中でも、防災に特化した連携協定を締結しているのが、神戸新聞社である。地域の災害対応向上に貢献することを目的として、二〇一八年三月に締結した。同社とは、震災の経験や教訓を次世代へ繋ぐとともに、今後発生しうるあらゆる災害を想定し、防災・減災に取り組む意志を持つ、いわば同志として、地域防災における活動などで繋がりを持っていた。

そのような中、ちょうど震災後に生まれた子どもたちが大学に入学してきた頃、阪神・淡路大震災から二十年の節目に、次世代の担い手となる学生とともに、いざという時に命を救うスキルと、震災の経験と教訓を伝承する、「ぼうさいマスター」を育成するプロジェクトの相談が本学にあった。

このプロジェクトを推進する組織「１１７ＫＯＢＥぼうさい委員会」を、神戸市と神戸新聞社が二〇一五年に立ち上げ、委員会メンバーとして、防災・社会貢献ユニットに所属する本学の学生が多数参加した。現在では、社会防災学科生が中心となってその活動を引き継ぎ、県内の十七大学の学生とともに活動を続けている。

このような、普段の活動の延長線上に連携体制の構築があり、新しい価値そして、意義や使命から新たな取り組みが生まれるのである。

その後、連携事業を検討する中で、『阪神・淡路大震災から二十五年を迎えるにあたり、次世代を担う若者や子どもたちをメイン対象に取り組めないか』が話題に上った。兵庫県では、多くの市民・地域・行政・教育・研究機関などが、震災の教訓を伝える取り組みや、今後の災害に備えるための防災啓発に取り組んできた。その中で、本学においては、最新の研究や教育を実践し、神戸新聞社は発災当日から災害情報を発信、その後も被災地の視点から震災報道を続けている。それぞれの事業を通しての共通点として、地域防災の強化が重要視されている一方で、どの地域においても若年層の参加率が低いという課題があげられた。

震災二十年の折に、このような状況を懸念して、「117KOBEぼうさい委員会」が地域でさまざまな取り組みを実施してきたが、この課題は今日においてはさらに大きなものとなっている。

私たちは、「震災を知らない世代が半数を占める時代となったいま。震災後、同じ悲しい思いを繰り返させないためにと取り組んで来られた方々の思いを繋ぐために、震災の教訓を次世代へ継承するきっかけの場づくりが必要である」と考えた。

話を進める中で、二者で実施するのではなく、全県的な取り組みとなるように、兵庫県庁へも打診をし、「産・官・学」連携の取り組みを目指した。

震災二十五年記念事業を展開する中で、兵庫県としても次世代・子育て世代向けの事業を検討しているところだった。そのような経緯から、兵庫県と神戸新聞社、神戸学院大学の三者で「ひょうご防災フェスタ実行委員会」が結成された。

「楽しみながら参加できるイベント等を通じて、防災・減災への関心や理解を深めていただけたら」。その一心で、「体験型イベント」「講演・展示ブース等」の協力者を募っていった。

事業を行うにあたり、行政・企業・NPO団体、そして学生団体にも多く参加してもらったが、これは実行委員会に関わるメンバーが、それぞれの強み（ネットワーク）を活かし、企画内容を詰めていったからだと考える。

このフェスタでは、神戸市消防局と株式会社理経が共同開発した土砂災害を疑似体験するVR防災体験や、本学のシーガル・レスキューによる「ちびっこBOUSAIトライアスロン」、兵庫県立大学学生災害復興支援団体LANによる「謎解きゲーム」、被災地のゆるキャラやガチャピン隊長、本学のマスコットキャラクターマナビーも盛り上げ役として協力した日本気象協会による「防災クイズショー」、本学の防災女子による「ローリングストック料理教室」、神戸新聞社による「ひょうご防災新聞教室」など、多種多様な体験型イベントを設けた。

また、屋外では防災関連車両の展示も行い、人気が高かった。地震体験車「ゆれるん」、水難特別救助工作車、土砂やがれきの上を走行して救助や物資の輸送をするバギー、そのほかにも、救急車、はしご車、救助工作車、NEXCO西日本の防災対策本部車、大阪ガス株式会社のガス漏れ緊急対応車なども登場した。消防防災ヘリによる救助デモでは、多くの子どもたちがヘリコプターを見上げ、隊員へ手を振り笑顔で追いかけていく光景も見られた。

また、みんなの声で歌い繋ごう『しあわせ運べるように』音楽祭では、参加者全員の合唱で復興の歌を発信することができた。歌を聴いた参加者の中には涙する人も見られた。

興味深かったのは、震災のときの報道写真である。二十五年前のことを知るのに、これらは貴重な素材になる。神戸新聞社の持つ震災当時の写真と、同じ場所の現在の風景の写真を展示し、比較できるようにした。多くの学生も初めて見る写真だったのではないかと思う。

シンポジウムも開いた。「防災・減災・復興への取り組みと産学民官の協働～阪神・淡路大震災の経験と教訓をつなぐために～」というタイトルで、専門家による基調講演やパネルディスカッションも、現代社会学部の教員が中心となり実施した。当事業においては、多くの来場者が詰めかけ、好評のうちに終わった。実行委員会のメンバーが実施報告の振り返りを行いながら、口にしたことがある。

「子どもメインにと多くの機関が集い、実施をするイベントは、震災二十五年というタイミングだからこそだったのではないか」

兵庫県の阪神・淡路大震災二十五年事業の基本コンセプトである震災を風化させない――「忘れない」「伝える」「活かす」「備える」のうち、次世代へ「活かす」という展開ができたのではないだろうか。

生涯学習～大学の第三の使命～

「生涯学習」とは人々が生涯に行うあらゆる学習のことを言い、学校教育、社会教育、文化活動、スポーツ活動、レクリエーション活動、ボランティア活動、企業内教育、趣味などさまざまな場や機会において行う学習の意味で用いられている。

大学は、学生たちのための高等教育機関であるとともに、大学の第三の使命である社会貢献の一つとして、地域や社会の知の拠点として、住民の生涯学習や多種多様な主体の活動を支えると同時に、高等教育機関として、社会人をはじめとする幅広い学習者の要請に対応する取り組みが求められている。

本学では、一九七六年から公開講座を開始し、大学における教育研究成果を社会に還元する取り組みを行ってきた。代表的な取り組みとして、一〇学部が連携して開催している「土曜公開講座」は、社会情勢を意識したテーマを設定し、総合大学らしい多彩な専門分野から魅力的な講座を実施している。

次に、一流舞台芸能に接する機会として開催している「グリーンフェスティバル」。芸術大学ではない大学がこのような取り組みを展開するのは珍しく、本学の人文学部だからできる取り組みとなっている。これは学生たちに本物の芸術を教養として身につけてほしいとの思いから始まった。西欧のクラッシック音楽や日本の古典芸能、演劇などを中心に工夫を凝らした演出を行い「一般のコンサートとは一味違う企画」として地域の方々からも高い評価を得ている。

また、リカレント教育の一つとして「社会人キャリアアップ講座」を開講し、福祉、高齢者、子育てなど社会の変化に合わせ、専門家から一般の方まで、満足度の高い充実したプログラムを展開している。

このような取り組みとともに、近年地域からのニーズの高まりにより、新たなプログラムとして展開しているのが「大学都市ＫＯＢＥ！発信」や「ＫＯＢＥこども大学」である。

このプログラムが誕生したきっかけは、二〇一四年に神戸市と市内の大学が連携した「大学都市ＫＯＢＥ発信事業」を、大阪駅北側の大規模な複合商業施設「グランフロント大阪」内のナレッジキャピタル The Lab. で展開したことが始まりである。同施設は、「ナレッジイノベーションを生み出す場」として、企業人、研究者、クリエイターといったさまざまなジャンルの人が、個々に持つ「感性」と「技術」を融合させ、「新しい価値」を生み出すことを目的とした体験型の交流施設である。

神戸は、全国でも有数の大学都市であるが、「神戸＝大学」のイメージは定着していない。市内に位置する大学が連携し、「大学都市神戸」の魅力向上を目指すとともに、新たなコラボレーションを促進するために、初年度は本学を含む市内七大学が連携してスタートした。

同施設は、展示エリア内にスタジオ（アクティブラボ）を併設しており、参画機関は、体験型の展示とともにスタジオを活用したイベントも実施していた。出展するにあたり神戸市を事務局とした実行委員会が結成され、各大学がどのような取り組みを実施するのか話し合いが行われた。

本学では、「安全・安心〜暮らしと健康〜」をテーマに、来場者に防災や健康について考えてもらう展示を行った。

この「安全・安心」というテーマは、本学の創設者である、森茂樹博士の考えに起因する。神戸学院大学は、予防医学の権威であった、森茂樹博士が日本初の男女共学の栄養学部を開設し開学した大学である。現在のような高度な医療技術が発達していなかった当時、将来、予防医療が重視される時代を予見し、身体の源である、栄養学にいち早く着目した。

これは、人の暮らしを考えるのに「健康、そして暮らしにおける安全・安心」が大切であると考えたからである。

その思いを継ぎ、二〇一九年現在も同じテーマで常設展示を実施している。そして、同施設内のスタジオプログラムは、「大学都市ＫＯＢＥ！発信」が誕生した。「大学ならではの取り組みを」という思いから、常設展示も大学の「学び」「研究」を来場者、そして大学関係者の発見に繋げられるように工夫をした。スタジオプログラムも、同じ考え方で、子どもたちに本物の学び、そして学びの楽しさを伝える機会として、本学らしいワークショップを企画した。

教員の研究テーマに合わせてプログラムを企画し、必ず学生がスタッフとして運営に関わっている。参加者は、小学生を対象として、必ず保護者とともに参加してもらう仕組みとした。これは、親子で参加することで、共通体験によるコミュニケーションの促進と自宅での反復学習をねらいとしたからだ。

本学として初めての取り組みにも関わらず、多くの学部の教員の協力を得て、多彩なコンテンツが生まれた。運営に関わる学生にとっては、机上の学びを自分が伝える側となることで自身の課題を発見し、また授業では、学ぶ機会のない教員の研究テーマに触れる機会にも繋がる。

この取り組みは、大学のキャンパスでも「ＫＯＢＥこども大学」としてスタートし、いまでは、連携企業である大丸神戸店でも、「未来を担う子どもたちの創造性を高める取り組み」として双方の特徴を活かした新たなコンテンツを生み出している。

大学の中だけではなく、社会に積極的に関わって、そこから学んでいくことは教育効果が大きい。指導にあたる教員からさまざまな報告を聞いていてもそう感じる。

地域と大学との繋がりを深めるという意味も含めてこの地域連携は引き続き、発展させていきたい。

第四章 世界を繋ぐグローバルな人材育成

グローバルな活躍を期待

国際化、グローバル化に適応できる人材を育てる――。

国際都市・神戸に拠点を置く大学にとって、それは長年の「宿題」のようなものだった。もちろん、大学半世紀の歴史の中で、国際交流はそれなりに進めてきた。しかし、新たにグローバル・コミュニケーション学部を設置することで、国際化を大きく促進していきたいと考えていた。

学部の目的からすれば、国際学部といった名称にすることもできたが、あえて「グローバル」とつけた。「グローバル」という言葉には「地球規模の」という意味があり、国と国、ひいては特定のグループと別のグループの「境」という概念がないため、「何等かの違いはあっても地球市民であることに変わりがない」という意味が込められている。

国と国の境を超えて国際舞台で活躍する人材や、神戸にいながら、日本にいながら、観光客をもてなしたり、来日するビジネスマンと渡り合ったりする人材は確かに日本には必要だ。

ただ、それだけではない。グローバルという名称には、さまざまな民族・宗教・文化的背景、異なる価値観、性差、年齢差をもった多様な人たちとコミュニケーションをはかり、その中で何か新しいものを生み出していける人材も必要である。まさにそのような人材を育てるため、その名を付けたのだ。

ジェネリック・スキル・トレーニングの効果

グローバル・コミュニケーション学部を貫く哲学は、カリキュラムがあらわしている。この学部には、英語コース、中国語コース、それに留学生対象の日本語コースの三つのコースがある。一、二年生で、それぞれの専門語学をみっちり勉強する。しかし鍛えるのは語学だけではない。外国語を使って、人とコミュニケーションをとり、さまざまな事を成し遂げていくことが重要だ。

そのために必要な能力を育てるために注力しているのが、「ジェネリック・スキル・トレーニング」である。「ジェネリック・スキル」とは、いろいろな人の知識や知見を持ち寄り、コミュニケーションをとり、助け合いながら、問題解決を図っていくための能力や態度などを指す。社会人として活躍するために必要な能力として注目されている。

この科目はすべてのコースにおいて必修である。授業内容はほぼすべて実習である。身体トレーニングやゲームといったワークショップ形式で、人との関わり方、人の話の聞き方、傾聴などを学んでいく。そのなかでリーダーシップや自発性、創造性、論理的思考といったものが身につく。

しかし、学生たちにとっては、この科目の意味や効果について、なかなか明確には理解できないようだ。ただ、本人たちはわからないうちに、成長している。そのことは、一期生が就職活動を終え、ゼミの教授に挨拶に来たときのエピソードに象徴されている。英語コースの中西のりこ教授がこんな話をしていた。

「〝先生、ありがとうございました。内定をいただけました〟と挨拶にきたときに、雑談をしていたら、面白いことをいっていたのです。それは、〝あのわけのわからないジエネ（学生たちが言う、ジュネリック・スキル・トレーニングの通称）が、就職活動でいちばん役だったような気がする〟といっていたんです」

何が役立ったのか。

中西教授によると、それよりも前から、学生たちの成長に気づいていたようだ。

たとえば、「大学コンソーシアムひょうご神戸」という団体での活動である。「コンソ」という略称があるこの団体は、兵庫県下四十一の大学が連携をする組織だ。本学も理事校になっている。「コンソ」では、異なる大学の学生が交流したり、地域の行政や産業界と連携をしたり、留学生も参加して国際交流もする……。いろいろなプログラムが用意されているのだ。

学部にはまだ一、二年生しかいなかった二〇一六年の十二月、コンソからあるプログラムに参加してみないかというお誘いの連絡が入った。外資系企業と学生が交流する企画があるというのだ。

そこで、声をかけたのがグローバル・コミュニケーション学部の一、二年生たちだった。入学してまだ半年の学生もいた。中西教授らは、「行ってきなさい」と背中を押したものの、失礼はないかと、内心不安だったので、見に行ったのだという。すると、そんな心配などどこ吹く風で、堂々とした態度だったというのだ。

ほかの大学からは外資系に就職を希望する三年生や四年生が集まってきている。気合いが入っている先輩学生もいたのだ。そんな熱気に当てられると、ついつい同じ大学の学生同士が固まってしまいやすいのだが、神戸学院大学の一、二年生たちは、「僕はこちらのテーブルに座るから、あなたはあっちのテーブルに」とお互いが連携しながら、十数個あるテーブルにバラバラに座って、それぞれのテーブルの中で見知らぬ学生や外資系企業の人たちと話をするようにしたのだ。もちろん、誰に指図をされることもなく、自分たちの判断で。

同期生とコミュニケーションを取りながら、この場でふさわしい行動とはどういうことかを短い時間で見極め、臆することなくやってのけていた。その態度をみて、中西教授は感動したという。

そうした振る舞いが評価されたのだろうか。それ以降、コンソには、グローバル・コミュニケーション学部の学生たちが、毎回参加するようになった。

こうした振る舞いができたのは、少なからずジェネリック・スキル・トレーニングの効果があったのではないかと考えられる。

コンソーシアムで成長した繊細な学生

少し余談めいた話になるのだが、コンソで、目を見張る成長をした女子学生がいる。

彼女は入学当初は、繊細な印象で、電車に乗って通学するのも一苦労、という学生だった。元気なタイプが多い、学部の中では埋もれてしまうような心配さえしていた。

ところが、授業にも出席し、友だちの誘いでコンソに行くようになって、だんだん自信がついてきた。最後には、留学生などと交流する催しをコーディネートするリーダーの役目も果たせるようになった。どうすれば学生と留学生がうまく交流できるかを考えて、まとめて、司会・進行をするぐらいになったという。

表情も目の輝きも、入学してきたときとはまるで違っていた。自分を変えたいという気持ちが芽生えたのだと思う。

何かをきっかけに、学生は変わっていく、成長をするのだなということを、あらためて考えさせられるケースである。そういうチャンスを与えるのが教育の役割でもある。二、三年生のときに行うインターンシップでも、いろいろな学生の中におかれながらも、けっして物怖じしない態度を見せるのが、グローバル・コミュニケーション学部の学生だったという。そのため、インターンシップ先の企業からも評判がよく、後輩たちにもインターンシップの場を提供いただいている。

ICTによる語学教育で飛躍的に伸びた英会話能力

さて、語学に関しても、興味深い試みが行われている。

グローバル・コミュニケーション学部英語コースに入学する学生でも、当初の英語力は決して満足できるものではないようである。

「CEFR《セファール》」という、外国語学習者の言語運用能力がどのレベルに達しているかを示す国際的なガイドラインがある。文部科学省平成二九年度英語力調査によると、日本における大半の高校三年生の英語力はCEFR A1レベルである。グローバル・コミュニケーション学部の入学生も、A2レベルに達している学生は非常に少ないことがわかった。

そこで中西教授らは、ICT（情報通信技術）を使って、英語力の向上を図った。これによって学生たちの英語力は著しく伸びて、関係者からも注目を集めている。

ICTは、話す、聞くという会話能力を伸ばす目的で使用された。

この二つの能力を伸ばすための宿題を出すときに頭を悩ませるのは、音声素材で出さなければ意味がないということだ。しかし既存の方法では難しい。

そこで利用したのが、タブレットの音声認識機能。学生はiPadの画面に向かって、たとえば"Hello! My name is Taro. I'm from Japan."と話しかける。もし、カタカナを読むように、「アイム、フロム、ジャパン……」と発音すると、認識してくれない。音声認識機能が認識した通りの文章が出てくる。違うから、もう一度やり直す……。

そうすることで、自習ができるし、その音声を録音し、提出してもらうこともできる。学生は「何を言おうとしたのか」「それがどう聞き取られたのか」という2つの文章を見比べながら自分の音声を聞き直す。そうするとそれを聞いて、どこが間違っているのか、どう発音すればいいのかを学生たちが自発的に質問するようになる。

これを自動化したのが〝スピーチ・セーバー〟といって、中西教授らが独自に開発したウェブソフトだ。

一人で行う課題ではなく、クラス全体で英会話の練習をする場合には、YouTubeを使うことがある。日本人同士が英語で話すのは、なんとなく照れくさくてやりにくいものだが、YouTubeに投稿するとなると、学生はクラス内だけでなく世界の若者に自分のメッセージを発信することになる。二週間に一度、決められたトピックに沿ってペアでの対談やプレゼンテーションを各自録画し、YouTube投稿画面を学部生専用のポートフォリオにアップする。学生はお互いにその動画を観て、フィードバックし合うという方法である。

こうしたICTを使った授業を行ったところ、短期間で英語力が飛躍的に伸びた。

図：CEFR A2およびB1以上の到達率（英語4技能別）

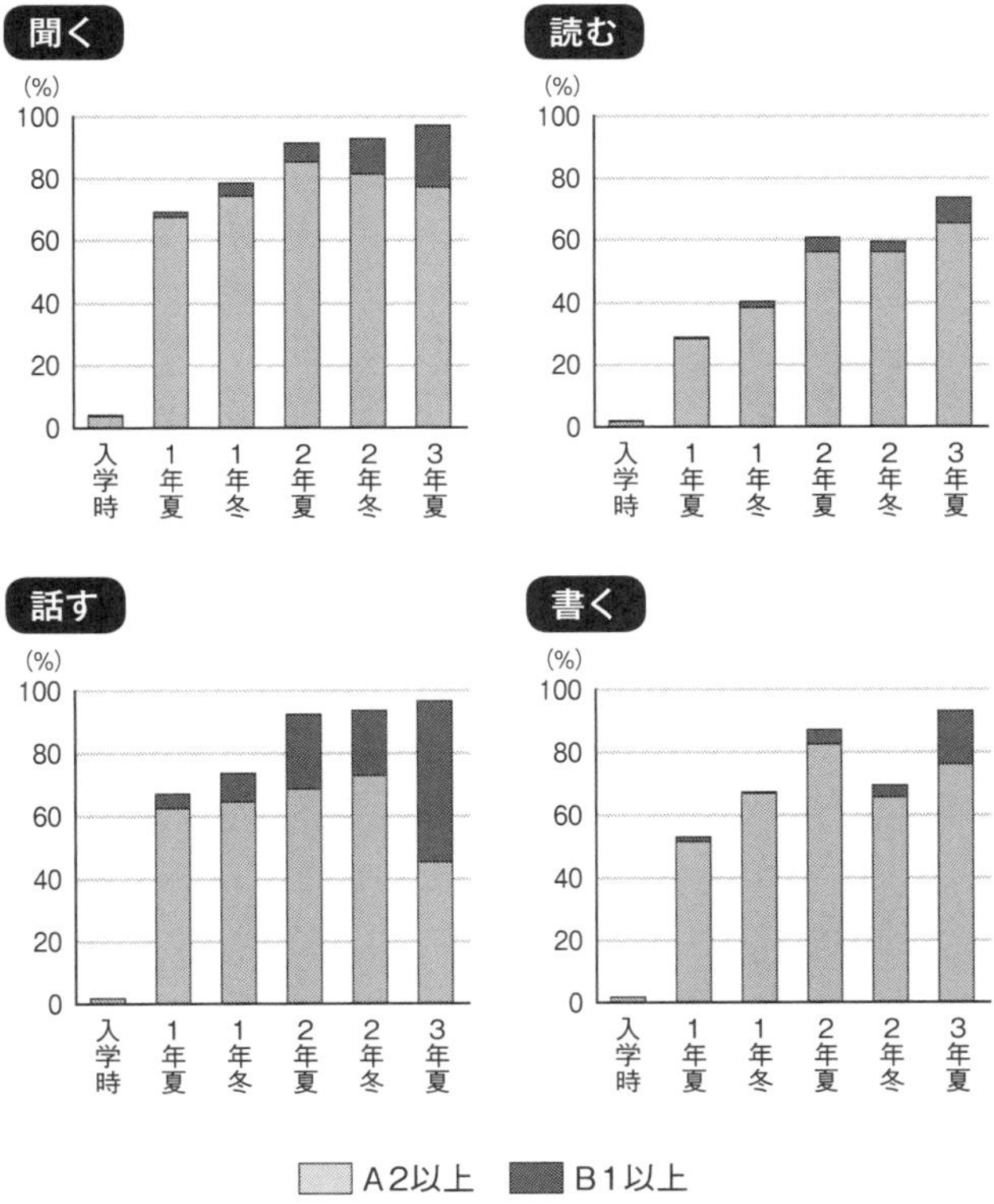

聞く能力は、ICT授業を始めて三ヵ月たった七月にチェックすると、CEFR A2以上が七〇パーセント近くまで増え、話す力も、A2以上が六〇パーセント強になっていた。

話す、聞く能力を磨くために、音声や動画による課題のやりとりができるようになったこと、つまり「音声言語の可視化」が可能になった。それによって能力をアップさせることができたのだ。

この一連の成果が、二〇一九年、私立大学情報教育協会（私情協）が主催する「ICT利用による教育改善研究発表会」で奨励賞を受賞することになった。

ICT教育の予期せぬ副産物

グローバル・コミュニケーション学部のICT利用には、一〇〇台近いパソコンを備えた情報実習室が必要であった。しかし、普段グローバル・コミュニケーション学部が使用している校舎にはその規模の情報実習室はない。そこで、薬学部が主として活用している一〇〇人が入る教室を、使用することにした。

そこで予期せぬ副産物が生まれた。

中西教授が、薬学部の教室で英語の授業をしていると、見かけない学生が授業を聞いて頷いている。その学生が講義の後、教授の研究室に来てこう言った。

「私は薬学部の学生です。先生の授業を聴講させていただいていました。企業の研修でオーストラリアに行かなければならないのですが、英語の勉強が必要なのです。今後も先生の講義を聴講させていただいていいでしょうか？」

中西教授はそれを了承した。しかもその学生は何か他にやりたいという意欲を持っていたので、英語サークルを一緒に活動しようと提案する。そのサークルは英語模擬国連などに参加しているのだが、薬学部の学生も活動に加わることになった。彼以外の薬学部生も複数このサークルに加わり、学部を超えた活発なサークルになっていく。たまたま他学部が使用する教室を利用したことから始まった学部間の交流が、次第に学生同士の交流にも繋がったのだ。

薬学部とグローバル・コミュニケーション学部では、まったく学生のカラーが違うので、おもしろいことが起きたという。

薬学部の学生は国家資格取得が大きな目標なので、コツコツと勉強するタイプが多い。グローバル・コミュニケーション学部生は活発で、コミュニケーション能力に優れている。互いの良いところが刺激になって、グローバル・コミュニケーション学部の学生は「勉強しなければ」というスイッチが入ったり、薬学部の学生もだんだんノリがよくなってきたり、それぞれによい変化があったようだ。

大学が制度として学部間の交流を図るというのではなく、学生の側から交流したいという欲求がわき上がったことが、面白い化学反応を生んだのだろう。総合大学だからこその現象である。

学生たちのがんばりや、教職員のバックアップもあって、学部一期生の就職先はかなり良い結果がでた。ＡＮＡ、ＡＮＡ大阪空港、ＪＴＢ、楽天など、有名企業への就職もかなり出た。

思い起こせば、グローバル・コミュニケーション学部創設の構想が出始めたのは、二〇一二年。当初、学内には国際系の新学部創設には慎重論があった。しかし、海外の大学関係者や学生たちとの交流が活発になり、国際感覚をもった学生が育った。就職先としても満足のいく結果がでている。卒業生がもっと増えていき、各国にいるＯＢ・ＯＧたちとのネットワークができてくれば、もっと面白い展開が考えられると思う。

期待される中国語コースと日本語コース

ここまでは、グローバル・コミュニケーション学部の英語コースを中心に話を進めてきた。

実は、中国語コースや日本語コースも非常に重要な人材育成を担っており、地域社会からも期待されている。両コースとも学年定員三〇名という小規模なコースだが、大学全体の中では良いスパイスの役割を演じている。

日中関係の複雑な事情、そのような影響もあって、中国語コースは学部設置の当初は受験生確保に苦労した。しかし、このコースは、北京大学出身で日本での教育経験が豊富な胡士雲教授と、逆に北京師範大学への留学経験と、中国での日中の懸け橋としての実務経験が豊富な大濱慶子教授が率いている。セメスター留学先としても、中国の中でトップクラスの大学が用意されている。また、在大阪中国総領事館とのパイプも太く、毎年大阪で開催される中国関係の大きな祭典「中秋明月祭」には中国語コースの学生が出店参加している。地元神戸の南京町の「春節祭」では、中国語コースの学生が中心となっている「舞獅団」という中国獅子舞のサークルが出演して盛り上げたりしている。神戸には日中貿易を担う企業も多い。政治の世界のぎくしゃくした関係とは裏腹に、経済関係や文化の交流においては、現在も将来も日中関係は極めて重要である。高い中国語能力でしっかりコミュニケーションが取れる人材の育成は、地元産業界からの期待も大きい。

また、将来日本で活躍してくれる外国人人材の育成への期待も大きい。日本語コースはキャンパス内の国際化にとどまらず、このような要請に応えるためのコースである。地元産業界からも質の高い外国人労働者が求められている。中国やベトナムなどのアジアからの留学生が圧倒的に多い日本語コースでは、もともとしっかり日本語能力を持つ留学生を受け入れている。カリキュラムの中では、ハードな日本語の授業だけでなく、日本の企業でのインターンシップを義務付けている。しかも複数の企業でのインターンシップ経験を課している。キャンパス内での日本人学生との交流だけでなく、日本の実社会をしっかり体験してもらっている。栗原由加准教授ら担当教員の苦労は多いと聞くが、このような努力によって、多くの卒業生が、地元企業をはじめ、日本での就職を実現している。質の高い留学生を受け入れ、育成すること、それは、地域の活性化、特に、国際都市・神戸の国際化には不可欠であると思う。

全学部の学生もグローバル人材に

グローバル・コミュニケーション学部の学生たちの多くは、国際舞台で活躍していくことが期待されている。しかし、これからは、他学部の学生も企業に就職すれば、海外の人たちと仕事をしたり、海外の拠点で仕事をしなければならない場面がでてくる可能性が高い。その意味で、グローバル人材育成は、全学に広げる必要がある。そこで、全学生一万一千人以上の学生が、全員海外に目を向け、グローバルに対応できるような環境を整えようとしてきた。共通教育の「神戸学院カレッジ」（英語特別プログラム）もその一つであるが、全学的なグローバル化の拠点となるのが国際交流センターである。

それについて言及したい。

国際交流センターが考える全学的なグローバル化の構想は、以下のように、六段階で構成されている。

◎第1ステージ

「図書館留学」という方法を展開している。図書館の中に「図書館留学コーナー」を設けて、多読・多聴用図書を用意する。英語学習用の本だけでなく、洋書の絵本など、楽しく英語を学べる教材も多く揃えて準備、学生の視線の集まる場所に並べている。多読の方法としては、ゲーム感覚で、楽しく、無理なく、英語力を身に付けられるような方法を提供している。多聴ラリー『English シャワー』では、ネイティブの発音やスピードに順応した耳を養うため、できるだけ多くの英語をインプットする。

しかしインプットするだけでは力は伸びないので、国際交流センターが運営する「イングリッシュプラザ（通称いーぷら）」で、ネイティブスピーカーを相手にアクティビティ、チャット、イベント参加などを通じて英語をアウトプットするトレーニングをする。

◎第2ステージ

英語でよりよいコミュニケーションをとるためには、異文化理解やグローバルな視野が必要である。ということで、「スチューデント・アシスタント」という制度を導入している。さまざまな学部に所属する二百五十人あまりの学生が国際交流センターに登録しているが、定期的にランチ会を開いたり、留学生歓迎会を開催したりする。また、留学生との異文化交流バスツアー、クリスマスパーティといった催しを通してさまざまな国籍の学生とコミュニケーションをとれる機会を設けている。そうした交流の中で、文化の違いや共通点、共感、リスペクトという段階までもっていければと思っている。

◎第3ステージ

二年後期からの交換留学、派遣留学に備えて英語のトレーニングをする。英語四技能を測るスコアにＩＥＬＴＳ《アイエルツ》（International English Language Testing System）がある。この指標で、最低でも四・五。できれば、五・五ぐらいは取ってほしい。そうしなければ、英国のリーズ大学、あるいはオーストラリアのサザンクロス大学といったレベルの高い大学は、なかなか受け入れてくれないからだ。

その対策として、国際交流センターでは、ＩＥＬＴＳの総合講座を実施している。初級、中級、上級とあるのだが、三十時間のコースを、破格の値段で受けられることになっている。また成績条件をクリアし、ＩＥＬＴＳ五・五を取得すれば、第一種交換留学奨学金を支給することにした。同じく五・〇を取得すれば、第一種の半額の第二種交換留学奨励金を支給している。

なぜこれほど手厚い環境設定をしたかといえば、残念ながら二〇一〇年から二〇一六年度までの数年間、英語圏の大学に交換留学生をあまり派遣できていなかったからである。一人でも多くの学生に海外留学してほしいと願っている。あとは学生たちのやる気である。

その一方で、留学制度の見直しを図った。ＩＥＬＴＳのハードルを少し下げることにより、留学チャンスを拡大することにも取り組んだ。カナダのヨーク大学のように、ＩＥＬＴＳ四・〇、以上で応募できるというところまで、長期留学のチャンスを拡大することにもした。

◎第4ステージ

学生が大学主催の交換留学、派遣留学に応募し、派遣候補者にノミネートされると、ネイティブ講師による十八時間のＩＥＬＴＳ集中講座が、無料で受けられる。それはできるだけ語学力を付けた段階で、海外に送り出すためである。そうすることによって、さらにその学生の語学力が向上する。

◎第5ステージ

一年間、あるいは半期の交換留学、派遣留学に派遣する。さまざまな国籍の学生たちとの交流を通じて、さらに異文化理解を深め、グローバルな視野を広げてもらう。

◎第6ステージ

それぞれが培った語学力、異文化理解、グローバルな視野をベースに、グローバル人材として、社会の多様な分野で活躍してもらう。

以上の国際交流センターの構想は、徐々に成果を出している。コンスタントに交換留学や派遣留学に送り出せるようになってきた。この六段階をクリアして、グローバルな素養をしっかり身に着けて社会に飛び立っていった卒業生もいる。これからの成果が楽しみである。

ロシアとの交流

グローバル・コミュニケーション学部とは別の形で、ロシアとの交流も進めている。これも本学の特徴の一つである。

きっかけは、経済学部の岡部芳彦教授だ。彼は、モスクワ大学にも留学経験があり、ロシアとウクライナの両方に太いパイプをもつ貴重な人材である。ウクライナからは、同国民への貢献が認められ「最高会議章」を授与されたほどだ。岡部教授によれば、ロシアには日本語を勉強している学生が多く、しかもものすごく熱心で、日本ファンが多いというのだ。

モスクワで、「日露アニメ・オタク文化学生サミット」というイベントを行ったことがある。二〇一五年のことである。発端は、岡部ゼミの女子学生が日ロ青年交流センターが募集していた短期派遣プログラムに応募したところ、それが採用になって実現したといういきさつがある。

その交流は、モスクワ大学の学生たちと行われた。モスクワ大学といえば、ロシアでは最高峰の大学で秀才ぞろいの学生がいる大学なのだが、イベントになると抵抗なくコスプレをし、しかもこれが似合っていた。締めは、日露の学生が一緒になってカラオケで、アニメソングを歌って盛り上がるらしい。日本語を勉強している若者たちは、日本のアニメ・漫画が大好きである。日本ではサブカルチャー扱いだが、国際的にはメインカルチャーになっていることに気づかされる。

第二回の交流は、場所を変えて二〇一六年に本学で行った。岡部教授のゼミ生が中心になって催したが、日本のアニメ文化のプレゼンをし、ロシアにもアニメ文化はあるので、それを向こうの学生がプレゼンをする。学生同士の交流が密になり、かなり盛り上がった。

佐藤学長も、二回モスクワを訪れた。日露学長フォーラムというモスクワ大学での国際会議催しに参加し、それがきっかけでロシアの四大学と協定を結ぶことになった。日露学長フォーラムが開催されるときには、それに先だって在ロシア日本大使館でパーティーが開かれ、ずいぶん歓迎感謝された。というのも、日ロの交流のルートは、実はまだまだ不足しているからである。

ロシアで日本語を学ぶ若者たちの多くは、実際に日本で学び、日本の生活や文化を直接に体験する機会を望んでいるらしい。しかし、ロシア語を学び、使える日本側の学生がほとんどいないために、ロシアの大学との交換留学の制度は難しい。

そこで本学では、ロシアからの学生を受け入れるシステムを工夫した。さしあたり一ヵ月から二ヵ月間のインターンシップ制度を設けた。

ニジニ・ノヴゴロド国立言語大学というレベルの高い外国語大学で日本語を専攻する学生や大学院生を毎年一人か二人夏の一、二ヵ月の間、国際交流センターにインターンシップ生として受け入れることにした。

毎年受け入れるのは一人か二人程度と枠はごくわずかだ。あまりたくさんの学生を受け入れることはできないが、三年前に初めてこの制度で来日した女子学生が印象深い。非常に日本語の堪能な女性で、インターンシップを終えて帰国する際、「神戸に戻ってきたい」と熱望した。それぐらい神戸の町が気に入ってくれたのだと思う程度だったのだが、彼女は本当に神戸に戻ってきて、いま、神戸市役所の嘱託職員として採用され、働いている。

彼女は、後輩たちへの影響力があって、毎年来日するインターンシップの学生たちへの道をつくってくれていて、実に頼もしい。

インターンシップ生とは、経済学部の岡部ゼミ生はもちろんだが、グローバル・コミュニケーション学部の学生たちもずいぶん仲良くなった。インターンシップ生がロシアに帰国する際には、泣き合って離れないという光景をみる。学生の中には、「一緒にロシアについていきたい」といっている学生もいたと聞いている。

インターナショナルな雰囲気、海外の学生と交流することの楽しさをキャンパス内で醸し出すことによって、キャンパスの国際化は確実に進展していく。グローバルな視点や発想ができる学生も増えていくだろう。

ロシアとの友好関係は、今後も経済学部が中心になって発展させていくことになるだろう。すでに、内閣府のビザなし交流の一環として、北方領土に学生を連れて行ったり、逆に北方領土の住民をこちらに招いて交流をするというプログラムを実施している。これからもいろいろな試みを通して、交流に広がりが出てくるだろうと思う。

学生に対しても、もっと行き来する機会をつくり、交流の場を広げていこうと考えている。もちろん研究ベースでの人材交流も大切だろう。しかし、友だちをつくり、互いを理解する。そういう積み重ねが、きっと将来に生きてくるはずである。

そうしたアプローチは、ロシアだけにとどまらない。すべての国との交流にもいえることであろう。

若い世代の人たちが、直接に顔を合わせて交流する機会を増やすことは、将来の国際社会の構築、グローバル社会の実現にとって非常に重要なことだろう。その一翼を担うのが、大学における国際交流である。ささやかな歩みであるが、本学としても少しでも貢献できればと考えている。

国際都市・神戸としては、留学生が集う街を目指し、実現することが、日本人学生にも魅力となり、地域の活性化にも繋がるだろう。そのためには、留学生が学びやすい環境やシステムを、神戸にある二十数大学が連携して、自治体とも協力し整備していくことが重要である。

日中韓英語スピーチ大会

キャンパスの国際化、グローバル人材の育成については、もう一つプログラムを紹介したい。法学部が一〇年間続けている「日中韓英語スピーチ大会」である。これは、日中韓の五大学の法学部生および指導に当たった教員が一堂に会し、それぞれの大学から三名の学生が法律や政治に関するテーマで英語のスピーチをし、質疑応答するイベントだ。日中韓の若者が一緒になって、英語を共通語として交流するというなかなかユニークなプログラムである。

このプログラムは、もともと佐藤学長が法学部長をしていた二〇一〇年五月に、韓国の光州にある朝鮮大学校を訪問し、同大学校の法科大学（法学部）と神戸学院大学法学部の学部間協定を結んだことに始まる。それから一〇回を重ねているプログラムである。当初は日韓の二大学で始めたが、のちに中国の浙江工商大学、浙江工業大学、寧波大学が加わり、現在では五大学の開催になっている。会場は毎年持ち回りで開催される。重要なのは、正規のスピーチ大会前後の交流プログラムである。二〇一八年には本学で開催された。スピーチ大会に出るのは、各大学三名である。ところが、開催校の学生たちが、毎回大会を盛り上げ、前夜祭や大会後のパーティーでは、さまざまな交流が展開される。本学で開催されたときは、本学の学生たちがプロジェクトを組んで企画を練り、歌とダンスで盛り上げた。

パーティー終了後は、学生グループで神戸の中心、三宮に繰り出す。共通語は英語で、メールやＬＩＮＥのやり取りも英語ですることになる。ところが、韓国や中国の学生の中には日本のアニメや漫画で日本語を勉強していて、盛り上がるという。そこに、日韓、日中の壁のようなものは感じられない。

このような交流の積み重ねが大切なのだと思う。交流相手の韓国、中国の大学はレベルが高く、参加する学生たちは非常に優秀である。アメリカのロースクールへの進学が決まっている者もいたりする。そういうレベルの学生と渡り合うのだから、学生だけでなく指導する教員も苦労が多く大変だ。しかし、それだけに充実感も大きい。こういう経験をした学生は確実にランクアップする。二年生でこの大会に出た学生が、いま、交換留学生として英国リーズ大学に行っている。将来が楽しみである。

第五章　やさしい心を繋ぐ

将来に向けた取り組み

いま日本は、少子高齢化社会の只中にある。

深刻なのは、二〇二〇年段階でおよそ二九パーセントとされる六五歳以上の高齢者が、今後さらに増えることだ。国立社会保障・人口問題研究所は、いまの大学生が六〇歳前後になる二〇六〇年には、四〇パーセント近い高齢化率になると予測している。

どの国も経験したことのない少子高齢化で重要な役割を果たすのが、医療・福祉を担う専門家たちである。神戸学院大学では、そうした専門家を育てるためのコースを長年かけてつくってきた。

創立者の森茂樹

初代学長の森茂樹が栄養学部を開設したのが一九六六年。六年後の一九七二年には薬学部を、それから三十三年後、二〇〇五年に満を持して設立されたのが総合リハビリテーション学部である。高齢化社会には不可欠な、理学療法士、作業療法士、社会福祉士、精神保健福祉士を養成することを目的にした学部である。そして二〇一八年からは心理学部をスタートさせた。民間資格だった心理士が「公認心理師」という国家資格になったことを受けて新設された。それまでは人文学部に人間心理学科があったが、そこから独立させたのである。

これら医療系の四学部が、ともに取り組んでいる特別な教育プロジェクトがある。専門職連携教育（IPE〔Inter Professional Education〕）である。

近年、医療や福祉などの現場では、異なる専門職が連携し合い、チームとして患者や施設の利用者、家族などに対応することが一般的になっている。その際に大切なのは、いかに連携をよくするか。大切なのは、それぞれの専門職が、ともに働く他の専門職の仕事を深く理解することである。

多様な専門職を目指す学生が一堂に会して、ワークショップや演習、実習などを行う中で連携を学ぶメソッドがIPEである。そこで知ったこと、体験したことが、将来、チーム医療、チーム介護などをする際に生きてくるのである。

本学ではこうした専門職連携教育は有志の教員が中心となってカリキュラム外の活動として取り組んでいたが、二〇一八年度から正規の授業の中に組み込み、単位化されることになった。

IPE教育

ＩＰＥ教育は日本では十数年の歴史があり、いまや多くの大学で実施されている。ただしそのほとんどは、病院内の連携に絞った教育内容になっている。

本学ではさらに、在宅支援のできる専門職も養成している。在宅生活支援を地域密着で担う人材を養成している大学は、いまのところほとんどみられない。そこがわれわれの特徴であり、強みである。

一昔前は高齢者が一度入院すると、長期間そのまま病院にいることが多かった。しかしいまは、条件さえ整っていれば自宅に帰って療養する。したがって、在宅での生活を医療・保健・福祉に関わる専門職間で連携して支えていく、「在宅医療・介護」環境づくりが非常に重要なのである。

もう一つ特徴がある。総合リハビリテーション学部の春藤久人教授によると、多くの大学で行われているＩＰＥは、医療系の専門職を目指す学生が対象になっている。たとえば医師、看護師、薬剤師、理学療法士、作業療法士といった専門職である。

しかし本学が行うＩＰＥでは、薬剤師、管理栄養士、臨床検査技師、理学療法士、作業療法士、公認心理師、社会福祉士、精神保健福祉士を目指す学生が対象である。授業では、医師免許を持つ教員が同席して、協定を結んでいる神戸市看護大学と合同で行うので、看護師を目指す学生も参加する。ただ、医療系ではない専門職も多い。こうした事例は、ＩＰＥを採り入れている全国の大学を調べてもあまり例がない。

さらにこのＩＰＥ教育を効果的に行うための設備も充実している。

在宅医療・介護のロールプレイングは、実際の住環境を想定して行うことが重要である。そのときに重宝するのが、屋内住環境と屋外住環境を再現した大学内の施設である。本学の施設は、おそらく質・量ともに西日本一だと自負している。

屋内住環境は風呂場、台所、日本間、廊下、階段、押し入れなど、日本家屋によくある設備はほぼ揃っている。なぜこうした設備が必要かといえば、人それぞれ住環境が違うからである。一口に「日本家屋」といってみても、和風家屋か洋風家屋か、広さ、段差などすべて環境が違う。しかもそこに住む人が、病気であったり、高齢者で手や足が不自由だったりすると、住む人に寄り添った家の構造に造り替えなければならない。

たとえば風呂場のセットでは、入りやすい風呂場の設計を考える。台所では、高齢者が料理しやすい構造を学ぶ。日本間では、畳の部屋にどのような工夫を加えれば高齢者が過ごしやすくなるのかについて検討することができる。また、廊下を車いすが通るためには、どれぐらいの幅が必要なのか、といったことをその施設の中で試すこともできる。

ここで勉強すれば、社会福祉士、理学療法士、作業療法士が、福祉住環境コーディネーターの資格取得に必要な体験ができるようになっている。この資格は、高齢者や障がい者が安全かつ快適に暮らせるような住環境に関して、適切な提言をする役目を担う専門職である。

屋外住環境は、玄関、スロープ、階段、坂といった屋外施設のセット設備で、どう改善すべきかを学ぶ実習に役立っている。

住環境施設のほか、運動能力を分析する設備も充実している。トップアスリートが走ったり跳んだりするときの、体の使い方、肩や肘、手足の関節などの動きをモーションキャプチャーで追う画像を、テレビなどで見たことがあるかもしれない。これを大掛かりにした、大きな部屋一つを占めるような歩行分析装置が私たちの大学にはある。この機器を用いて、歩行が困難だったり、不安定な高齢者の歩行動作の解析を行い、重心の動き方などを分析しながら、科学的な証拠に基づいた治療法の開発が進められている。

継続するほど理解が深まるＩＰＥ

ＩＰＥは三年間受けるチャンスがある。学びの積み重ねが大切だからだ。

まず一年生では、ほかの学部がどんな勉強をしているのか、あるいはどういう仕事を目指す学生がいるのかを知ることから始まる。連携している神戸市看護大学を入れて五学部七学科合同で行い、それぞれの仕事の内容を知ることからスタートする。

また、病気の経験者にもボランティアとして協力いただき、闘病体験を聞く機会を設けている。

二年生になると、他の専門職の資格や職務内容への理解を、相互に体験することによって深めてもらう。

三年生は、実際に現場で活躍されている医師に講義をしていただく。協力してもらえる医師は、地元医師会の中でも在宅医療に力を入れている方や、看取りも含めた終末期医療に取り組んでいる方など、それぞれポリシーを持って医療にあたっている医師ばかりである。地域で開催される健康相談の場に関わる経験もする予定である。

そうした医師の協力も得ながら、いずれは患者の家を訪問する機会も設けたいと考えている。「百聞は一見にしかず」で、在宅医療の現場を五感で体験することで、より学びが深くなる。

入院していた患者が医師から退院の許可がでて、その後どう生活するかを知ることは大切である。たとえば、通院しながらのリハビリテーションが可能か、訪問リハビリで行うか。どんなリハビリテーションのメニューにするのか。訪問看護をするとなると、何を行うべきなのか。かかりつけ薬局はどういうことをする必要があるのか。かかりつけの医師の役割、一人暮らしであれば患者さんの精神状態の確認、同居者のいる場合には家族への支援をどうするか、などを勉強する。

一方で、介護保険も大きく関わってくるので、どうコーディネートしていくかという問題についても学ぶことができる。

学年が上がるほど専門分野の理解が進むので、ＩＰＥの授業の中で気がつくこと、取得できる情報が変わってくるのがわかる。

一年時にはほぼ何も知らない状況で授業に臨むので、理解できる情報も限られてくるが、二年、三年になると、情報価値の軽重がわかってくるという。「いちばんのポイントはこれだ」ということを、瞬時に把握する感度が高まるのだ。患者の話を聞くときでも、上級生になればなるほど、聞き取るポイントが的を射たものになってくることが見て取れる。

参加している学生の多くは、いま現場で行われているチーム医療、チーム介護を念頭に、それに自分が適応できるようになりたいという動機を持つようになる。

管理栄養士を目指す学生は、「他の専門職の学生と活発な意見を交わすことができて、刺激をうけた」、医療ソーシャルワーカーを目指す学生も、純粋に「他大学生や他学部の学生の知識の深さに驚いた」と語り、いままで、顔を合わせることのなかった学生たちと机を並べることが、勉強のモチベーションに繋がるという感想を口にしていた。

他職種との連携についても、「病院で専門職に求められるのは、密なコミュニケーションだと気づけた」（栄養学部学生）、「他の専門職の人と学ぶことで、協働のイメージをつかめた」という感想などがあった。

他の専門職について学べるのは大きな収穫だったようで、心理学部の学生は「医療、福祉、介護に関する知識を深く知ることができた」という感想を持ち、作業療法士を目指す学生は、「（リハビリをする場合）心理学的なアプローチも含まれることを知った」と語っていた。

薬学部の学生は、「病気を治すためならば、開発段階の新薬でも迷わず挑戦したい」という患者の言葉を聞き、薬剤師の責任について再認識していた。

このクラスでは、学生たちはいきいきと楽しく取り組んでいて、授業の満足度は高い。カリキュラムを終えてからも互いに連絡を取り合い、卒業してからも助け合うような環境になってくれればと思う。

ＩＰＥの授業では学生たちは、地元の医療機関や企業や福祉系企業で実習するケースが多く、就職も地元が多い。大学ではぐくまれたネットワークが、卒業してからも引き続き機能していけば、地域における在宅医療・介護サービスの厚みやレベルは年々充実していくだろう。

神戸市は対人口比でいえば、他の地域よりも多くの大学があり、学生も多くいるのだが、就職となると東京、大阪などの大都市に流れる傾向が、長年の課題となっている。

ＩＰＥに参加する学生のみならず、医療福祉系学部の学生は、兵庫県内から通っている割合が高い。学ぶ対象が在宅医療・介護と地域に根付きやすいノウハウなので、卒業生が地元の医療機関などに就職するのを手助けして若者の流出を少しでもくい止める役目が果たせたらと思う。

そうしたこともあって、ＩＰＥの取り組みは神戸市の後援事業として認定をいただいている。今後は、ＩＰＥで学んだことが就職時に役立つパスポートになるような環境を整えていければと考えている。チーム医療を学んだ学生が地域に残ってくれることは、大きな財産になる。ＩＰＥを運営する四学部の教員らは、今後もこのカリキュラムをより充実させていきたいと語っている。

学生の未来センター

毎年、大学を中途退学する学生がいる。

文部科学省の調査によれば、年間八万人の大学退学者がいるとされ、そのうち六万五千人が私立大学の学生だといわれている。全国平均では三・三パーセント、神戸学院大学は二・六五パーセントと、全国平均より低いが、毎年三百人ぐらいの中退者がいる。

辞めていく学生は、一年生と二年生が多い。文系学部では一年生が多く、国家資格を取るのを前提にした学部では、二年生でつまづくケースが多い。

これまで、そうした中退者を大学組織でフォローする取り組みはきわめて貧弱であった。

「一定数の学生が辞めていくのは仕方がない」と、見切りをつけていたのは否定できなかった。そこに疑問を投げかけたのが、総合リハビリテーション学部の西垣千春教授である。

「せっかく入学してくれた学生が、悩みを抱えているのに、それをそのままにしていいのだろうか」

西垣教授によれば、国公立、私立大学で中退した若者の約八割は非正規労働に就くという。つまり、高校の新卒時よりも厳しい条件で働かざるをえない状況になるわけだ。

そこで、悩みを抱えている学生、辞めようとしている学生、場合によっては、辞めていく学生に対して、組織的なサポートを展開する全国でも珍しい取り組みを二〇一九年から開始した。「学生の未来センター」である。

大きく二段階で関わっていく。

まず、危険信号を出している学生をできるだけ早くフォローすることが大事だ。まだ進行中の取り組みなので確定したわけではないのだが、たとえば、何の連絡もなく授業を三回休んだら、センターに連絡をしてもらう。その段階で理由を聞いたり、フォローが必要な場合には支援する。

三年生や四年生になって大学を休みがちになってからフォローしたケースもあるが、学生と連絡がまったく取れないとか、会えたとしても、アドバイスを受け入れてもらえるような関係性が構築できない場合がある。さまざまな理由から大学から離れてしまっているのだ。

したがって、できるだけ早く兆候をみつけて対処することが大切になる。西垣教授も、実際に関わってみて初めてわかったことだという。

退学に繋がりやすい事例としては、たとえば、内面的な行き詰まりを感じているケースがある。国家資格を目標にする学部の学生にはそうした現象はあまりないが、文系の学部生の場合には、大学に入ったのはいいけれども目標を見失ってしまう学生がいる。西垣教授によれば、学生の未来センターを訪れた学生の一人はこういっていたという。

「初めて自分のことを全部伝えられました。自分が何を目指すのかということを整理できました」

友だちにも相談できず、独りで悩んでいたのだろう。悩んでいるときは混乱状態にあるので、悩みの重み付けなどができず、焦るばかりだったのだろうと思う。だから客観的な立場の人間が悩みの重みづけを手伝い、すぐに着手すべきこと、後回しでいいものなどを仕分けして整理すれば、なんとかやっていける道筋が見えてきて、再出発できることがある。

また、違う環境に身を置くことで、解決の糸口がつかめることがある。たとえば地域インターンシップによる実習でモチベーションが刺激されることもあるので、そうしたチャンスを提供してみる場合がある。もしくは、学部が合わないとわかった場合には、他の学部へ移る転学部支援を行うケースもある。

学費が工面できないという切実なケースもある。奨学金に何度応募してもうまくいかず、切羽詰まって中退、という選択肢を選んでしまう学生もいるのだ。

実際の相談事例でいえば、ある母子家庭の学生が奨学金を申し込んでいたが、いくら応募しても不採用が続いていた。ところが母親が病気で倒れてしまい、収入が滞る状態になった。これでは学業が続けられないということで各方面に問い合わせた。奨学金というのは年度の途中からは難しいのだが、間に合うところがあったので申請書類をつくって応募した。かなり倍率が高かったのだが、幸い支給されることになって退学せずに済んだ。

奨学金の情報などは、学生一人で調べるのは難しい。大学にサポート制度があったことで、適切な支援ができた事例だ。

また精神的な病気を抱えている場合には、心理カウンセラーがいる学生相談室を紹介したり、必要に応じて外部の社会資源情報を入手する手伝いをすることもある。何らかの障がいをもっているために、授業や学生生活に悩んでいることがあれば、障がい学生支援コーディネーターに繋ぐこともできる。

そして、大学を退学する決断を学生がくだした場合でも、よりよい条件の就職先と繋ぐ支援がなされる。

たとえば若者サポートステーションやジョブカフェといった、公的な支援施設を紹介する。若者サポートステーションというのは、働き始める若い人をバックアップしてくれる厚生労働省委託の支援機関であり、ジョブカフェは、県が運営する総合就労支援機関である。コミュニケーション講座、興味のある仕事を体験できるジョブトレ、ビジネスマナー講座といったサービスも提供される場所だ。就職してからも、フォローアップの相談窓口もあって、丁寧なサポートが行われている。ジョブカフェも就職の相談に乗ってくれて、就職後もフォローしてくれる。

もともと大学に入学できる能力がある学生なので、そこでしっかりと自分の進路を見つけられれば軌道修正ができるし、正規就労の道も開けるはずである。

アルバイトで退学後の生活をスタートする学生が多いが、もったいないし、厳しい状況が続くケースをよくみかける。そういう学生を一人でも減らしたいというのが、学生の未来センターの願いである。

企業との連携として、就職情報で有名なマイナビと協定を結んだ。マイナビのある幹部に学生の未来センターのことを話すと、若い世代の支援として共感され、「マッチプラス」という適性診断を活用した分析に協力していただけることになった。

さらにこの結果を活用して大学を辞めようかと悩んでいる、もしくは辞めてしまう学生のためにワークシートも開発中である。その検証結果から、自分が何の仕事に向いているのかという適性や長所を把握できるようにしていく予定である。

それ以外にも、地域企業にインターンシップの機会を提供いただく準備を進めている。その業種の中には、農業分野も入っている。

学生の未来センターは神戸市の後援事業としても認定され、地域として若者支援が行われている。

学生の未来センターの挑戦は、前例がない活動なので、まだ試行錯誤の連続である。

しかし、辞める理由を聞いて、分析していくことで、大学側の問題が浮かび上がってくるかもしれない。それをみつけて改善していけば、大学はよりよいものになっていくだろう。

あとがき

昨年暮れ、不覚にも涙が出そうになったことがあった。

「オーキャンズ」の幹部交代式のときである。

オーキャンズというのは、毎年数回実施される「オープンキャンパス」の学生スタッフである。イベントの企画や準備、当日の高校生の案内役、後片付けなど、ほぼすべてを学生たちが主体的に取り組んでいる。オーキャンズのメンバーは、両キャンパス合わせて総勢約二百人。もちろん、入学・高大接続センターの職員もある程度は指導をするし、場合によっては軌道修正もするが、かなりの部分を学生たちに任せている。いまはある種のサークルのようになっている。

学生たちは研究心旺盛で、評判のいいオープンキャンパスを展開している大学があると聞けば、〝視察〟に行って、いいところを採り入れたり、レベルアップに余念がない。事前に何度も打ち合わせをしたり、相当なエネルギーを投入している。学生がここまで自立的、かつ主体的にオープンキャンパスを運営している大学は、そう多くないと思う。高校生に、神戸学院大学の魅力を伝える気満々の学生たちなのだ。

そのため、オープンキャンパスでの学長の出番は、オープニングセレモニーでの開会宣言のみ、持ち時間は1分半である。大学紹介のプレゼンも、オーキャンズがしっかりやってくれる。実に頼もしい限りだ。

さて、冒頭で書いた、私の涙腺を刺激した出来事とは、それは学生たちの成長ぶりだ。前年の幹部交代式のとき、先輩のあとを引き継いだ後輩たちが目の前にいた。どの学生も正直どこか頼りなくて心配したものだ。ところが一年の間に、立派に成長をとげ、バトンを渡す後輩たちに向けて挨拶をしている。

私は挨拶でこういった。

「あなたたちは私が思っている以上に成長している。これから就職活動が待っているが、自信をもってやればいい」

これはお世辞ではなく、心からの思いである。こういう学生たちの成長ぶりを目の当たりにできるのが、教員にとっての醍醐味である。

私はこの大学に来て三十年以上がたつが、神戸学院大学の学生気質を次のようにみている。

素直でまじめ、何事にも謙虚で、うちに素朴な正義感を秘めている。その一方で、時として過剰に謙虚であったり、自己主張が弱かったりする。自己評価も低く過ぎると思うことがある――。

例外的な学生はいるし、年を追うごとに少しずつ変化はあるけれども、それが平均的なイメージである。典型的な殻を破って、いい意味で新しい風を吹き込んだのがグローバル・コミュニケーション学部の学生たちである。積極的でストレートなタイプが多いように思う。

しかし、オーキャンズの活動で成長した学生の例を持ち出すまでもなく、これまで体験しなかったようなことにチャレンジする中で、いい面はさらに伸び、欠点もいい方向に変化している。

本書で触れた通り、企業や自治体との連携、あるいはボランティア活動などを通して、同じように成長する学生を数多くみてきた。本学の学生には、伸びしろ、成長の可能性を強く感じることが多い。

「過去を変えることはできないが、未来はこれから創っていける」。毎年、私が新入生に送っている言葉の一つだ。

それは、本学を運営する学校法人・神戸学院の創立者である校祖・森わさのスピリットでもある。

森わさの記録を読むと、実にドラマチックである。

兵庫県淡路島生まれ。警察官の夫と死別した後、のちに初代学長となる茂樹を含む三人の子どもを連れ、教育者としての道を歩むために神戸に出てきた。明治の中期の話である。一九一二年、女子教育の必要性を感じて設立されたのが、森裁縫女学校だった。八人の生徒からスタートした。この瞬間が、神戸学院の起源となった。この女学校がのちに神戸学院女子高等学校となり、二〇〇一年には男女共学の神戸学院大学附属高等学校となった。附属高等学校は二〇一六年にポートアイランドに移転、翌年には附属中学校も開校した。

一九六六年、森わさの長男・森茂樹が、神戸学院大学を創立した。京都大学医学部名誉教授だった森茂樹は当時七十歳を過ぎていた。山口県立医科大学学長や内分泌学会会長という要職も務めるなど、医学界では著名な人物であった。「世の中に二つとない大学」「後世に残る大学」をつくるため、大学に泊まり込み、開学の準備をしたという。

森わさ、森茂樹——この二人に共通するのは、「常識にとらわれない発想」、そして「自分の信念、哲学を貫く情熱」である。

信念、哲学、気概と努力をもってすれば、険しい道であっても、目標に近づけることができる、ということを、二人は後ろ姿で教えてくれている。

神戸学院大学では、男女共同参画の取り組みの一つとして、「森わさ賞」という表彰制度を始めた。この賞は、校祖・森わさにちなんで、女性を対象にしたものだが、教育・研究・社会での活動で功績を挙げた教職員、卒業生・修了生の中から選抜することになった。

第一回の受賞者は、薬剤師から弁護士になった山口弥生さんに決まった。薬学部卒業後、薬剤師として仕事をしていたが、三十九歳で退職。子育てをしながらロースクールに通い、四十二歳のとき、二度目の挑戦で司法試験に合格した。現在、宮崎県で法律事務所の所長を務める。

私は、こうした卒業生の存在は大きいと思う。本学には、実に素晴らしい卒業生がたくさんいる。化粧品会社の執行役員で、シワ改善効果のある化粧品を研究・開発した薬学部出身の方が「日経WOMAN」が選ぶ「ウーマン・オブ・ザ・イヤー2018」の大賞に選ばれている。

法学部一期生で、ステンドグラスの工芸作家の第一人者として、黄綬褒章を受章した方もいる。芸能界にも、本学で陸上競技に出会った武井壮さんをはじめ、多くの卒業生が出ている。紅白に2年連続出場した「純烈」の小田井涼平さんは、学生時代は体育会本部の役員だった。

最近、私は「オール神戸学院」という言葉を使うことが多い。

大学本体と同窓会、教育後援会（保護者の会）、それに附属中学校・高等学校などが力を合わせて、みんなの力で神戸学院（大学）を盛り上げようという試みだ。とくに大学にとって同窓会というのは、宝の山であり財産である。同窓会とは連携を強めており、その一つの目玉が、両キャンパスで展開する「同窓会連携講座」である。さまざまな分野で活躍する多様な世代のOB・OGがリレー講義をしてくれる。在学生にとっては、将来を考えるときのサンプルになる。

講義を引き受けてくれた卒業生に一つお願いすることがある。それは失敗した話をしてほしいということ。そこからどう立ち直ったかをぜひ話してほしいと依頼している。

一生、失敗のない人生なんてない。失敗から多くを学ぶし、成長する。やむなく転職した人、事業の失敗から立ち直った人……。そういう人生の節目を経験し、結果として人生は多様なのだ、人生の正解は一つではないということを学ぶ。

私が入学式で新入生に伝えているもう一つのメッセージが、「プラスアルファ・チャレンジ」のススメである。

各学部での専門の学びをタテ軸ととらえるとすれば、個性に応じて自分のやりたいことにチャレンジする学びをヨコ軸ととらえる。ヨコ軸は、課外活動であったり、海外経験だったり、ボランティア活動でもなんでもいい。私はこのタテ軸とヨコ軸その延長線上に学生たちの人間としての成長があると考えている。大学教育の成果も、このタテ軸とヨコ軸の総体としてとらえる必要がある。

本書で描いた社会と繋がる多様な学生たちの学び、活動は、タテ軸だったり、ヨコ軸だったりする。その中で、自らの可能性に気づき、チャレンジしていくことになる。

学生の成長をまず第一に考え、これからも学生たちの伸びしろに働きかけるチャンスをたくさん用意していきたい。神戸学院大学の四年間で持っている才能を大きく花開かせ、自らの成長に自信をもって社会に飛び立ってほしい。それをしっかりサポートしていくのが私たち大学の教職員の任務だと考えている。

＊　＊　＊

この本の作成過程では、テーマに関わる学部・部署の教職員の献身的で熱心な協力を得た。最後になるが、本書が一人でも多くの方々に読まれることを願って筆を擱くことにしたい。

二〇二〇年二月　初春

神戸学院大学
学長　佐藤雅美

この本を書くに当たって、多くの人の協力をいただいた。

第一章では、現代社会学部教授の前林清和さん、第二章では、学生支援センター・ボランティア活動支援室・川口謙造さん、垂井加寿恵さん、第三章では、社会連携部の若菜稔さん、國光渉さん、飯田正樹さん、小笹誓子さん、防災女子でもある前田みどりさん、自治体との連携については、現代社会学部現代社会学科教授の清原桂子さん、岡崎宏樹さん、准教授の日高謙一さん、第四章では、グローバル・コミュニケーション学部教授で、国際交流センター所長の中西のりこさん、同センターの高山修さん、小畑佳弘さん、経済学部教授の岡部芳彦さん、第五章では、総合リハビリテーション学部教授の春藤久人さん（副学長）と西垣千春さん。その他、経営戦略推進グループ（学長室）の森岡寿昭さん、現代社会学部現代社会学科教授の岩本茂樹さんに詳しい内容を教えていただいた。

12
9
3
6

ラクレとは…la clef=フランス語で「鍵」の意味です。
情報が氾濫するいま、時代を読み解き指針を示す
「知識の鍵」を提供します。

中公新書ラクレ
683

地域《ちいき》と繋《つな》がる大学《だいがく》
震災《しんさい》から何《なに》を学《まな》んだか

2020年3月25日発行

著者……神戸《こうべ》学院大学《がくいんだいがく》

発行者……松田陽三
発行所……中央公論新社
〒100-8152 東京都千代田区大手町1-7-1
電話……販売 03-5299-1730　編集 03-5299-1870
URL http://www.chuko.co.jp/

本文印刷……三晃印刷
カバー印刷……大熊整美堂
製本……小泉製本

©2020 KOBEGAKUINDAIGAKU
Published by CHUOKORON-SHINSHA, INC.
Printed in Japan　ISBN978-4-12-150683-2　C1237

定価はカバーに表示してあります。落丁本・乱丁本はお手数ですが小社
販売部宛にお送りください。送料小社負担にてお取り替えいたします。
本書の無断複製（コピー）は著作権法上での例外を除き禁じられています。
また、代行業者等に依頼してスキャンやデジタル化することは、
たとえ個人や家庭内の利用を目的とする場合でも著作権法違反です。

中公新書ラクレ　好評既刊

L226
論文捏造《ねつぞう》
村松　秀 著

科学の殿堂・ベル研究所の若きカリスマ、ヘンドリック・シェーン。彼は超電導の分野でノーベル賞に最も近いといわれた。しかし2002年、論文捏造が発覚。『サイエンス』『ネイチャー』等の科学誌をはじめ、なぜ彼の不正に気がつかなかったのか？　欧米での現地取材、当事者のスクープ証言等によって、科学界の構造に迫る。内外のテレビ番組コンクールでトリプル受賞を果たしたNHK番組をもとにした書き下ろし。**科学ジャーナリスト大賞受賞**

L494
教えて！　校長先生「開成×灘式」思春期男子を伸ばすコツ
柳沢幸雄＋和田孫博 著

なぜ名門中高一貫校は、才能を伸ばせるのか？　難しい思春期を上手に乗り越える知恵とは？　伝統の上に創造を加えて進化し続ける独自のノウハウを、両校の校長先生が大公開。「アタマが良いとはどんなこと？」「友人、先生との関わりから何を学ぶか」「勉強以外にどんな学びがある？」「中高一貫校の良さとはどんなところ？」「これからの時代は、東大よりハーバード大？」など、素朴で本質的な25問50答。

L535
本をサクサク読む技術
—長編小説から翻訳モノまで
齋藤　孝 著

途中で挫折しない方法を、読書通の著者が教えます！　登場人物がややこしい長編小説の読み方は？　難解な翻訳書・学術書を読みこなすコツは？　本を同時に読み進める「並行読書」、レーベル別攻略法、1000冊読める大量消化法等の齋藤メソッドが盛り沢山。コラム「よろず読書相談室」では、個別の悩み相談にも答える。ド文系のための理系本や初心者向けの歴史・経済小説などオススメ本も多数掲載。

L547

男子御三家
——なぜ一流が育つのか

おおたとしまさ 著

天才？ 秀才？ 奇才？ 名門校の中でも伝統と実績で群を抜く開成、麻布、武蔵。この「男子御三家」に集う精鋭たちの実態とは？ 三校は個性は違うがどことなく似ている。超進学校ゆえに「詰め込み式の受験予備校」と誤解されがちだが、実は揺るぎない建学精神と「真のゆとり教育」があるからこそ、一流が育つのだ。全国の学校を駆けめぐる教育ジャーナリストが、その強さの秘密、才能を開花させる仕組みに迫る。

L549

新・地政学
——「第三次世界大戦」を読み解く

山内昌之＋佐藤　優 著

テロ、IS、難民、米露、イランとサウジ、日中韓関係……ますます混沌とする世界は「第二次冷戦」から「第三次世界大戦」へと向かうのか？ この危機の時代を読み解くために、「歴史学の泰斗」と「インテリジェンスの第一人者」が「羅針盤」を示す。これからの世界を見るカギは、○中期分析、○宗教、○地政学。豊かな世界史の教養と、外交現場を知り尽くしたリアリティにもとづき、日本の針路と、真のリーダー像を問う一冊。

L567

マーケティングのすゝめ
——21世紀のマーケティングとイノベーション

高岡浩三＋フィリップ・コトラー 著

デジタル時代においてグローバルマーケットで勝つためにマーケティングが果たす役割とは何か。商品に対する消費者（顧客）の意識的な欲望だけでなく無意識な思考も追求することが21世紀型のマーケティングの重要なテーマである。現在では商品のブランド構築をあらゆるインターネットで顧客につなげeコマースでより身近になった。「より良い生活」を21世紀型マーケティングによって変化することで世界レベルの勝つための視点を提言する。

L575

ゴリラは戦わない
——平和主義、家族愛、楽天的

山極壽一＋小菅正夫 著

ゴリラの世界は、誰にも負けず、誰にも勝たない平和な社会。石橋を叩いても渡らない慎重な性格で、〝戦わない〟主義。ゴリラが知ってる幸せの生き方とは何だろう？ 平和主義、家族愛、楽天的人生……。人間がいつのまにか忘れた人生観を思い出す、ゴリラの生涯が人間の社会に提言をおくる。京都大学総長の山極壽一先生と旭山動物園の小菅正夫前園長の異色の対論集。AI化する現代社会の中で生きる人間に一石を投じる一冊！

L586

アドラーをじっくり読む

岸見一郎 著

ミリオンセラー『嫌われる勇気』のヒットを受けて、アドラー心理学の関連書が矢継ぎ早に出版された。しかもビジネス、教育・育児など分野は多岐にわたっている。だが、一連の本の内容や、著者に直接寄せられた反響を見ると、誤解されている節が多々あるという。そこで本書は、アドラー自身の原著に立ち返る。その内容をダイジェストで紹介しながら、深い理解をめざす。アドラーの著作を多数翻訳した著者ならではの、完全アドラー読書案内。

L598

世代の痛み

――団塊ジュニアから団塊への質問状

上野千鶴子＋雨宮処凛 著

親子が共倒れしないために――。高度経済成長とともに年を重ねた「団塊世代」。就職氷河期のため安定した雇用に恵まれなかった「団塊ジュニア」。二つの世代間の親子関係に今、想定外の未婚・長寿・介護などの家族リスクが襲いかかっている。両世代を代表する論客の二人が、私たちを取り巻く社会・経済的な現実や、見過ごされてきた「痛み」とその対策について論じ合った。この時代を心豊かに生き抜くためのヒントが満載。

L599

ハーバード日本史教室

佐藤智恵 著

世界最高の学び舎、ハーバード大学の教員や学生は日本史から何を学んでいるのか。『源氏物語』『忠臣蔵』から、城山三郎まで取り上げる一方、天皇のリーダーシップについて考えたり、和食の奥深さを学んだり……。授業には日本人も知らない日本の魅力が溢れていた。アマルティア・セン、アンドルー・ゴードン、エズラ・ヴォーゲル、ジョセフ・ナイほか。ハーバード大の教授10人のインタビューを通して、世界から見た日本の価値を再発見する一冊。

L600

リーダーは歴史観をみがけ

――時代を見とおす読書術

出口治明 著

「過去と現在を結ぶ歴史観をみがくことで、未来を見とおすヒントが得られます。それこそが歴史書をひもとく最大の醍醐味でしょう」（本文より）――。ビジネスの最前線にあって、稀代の読書の達人でもある著者が、本物の眼力を自分のものとするために精選した最新ブックガイド109冊！ 世界史と出会う旅／古代への飛翔／芸術を再読する／自然という叡智／リーダーたちの悲喜劇／現代社会への視座 全6章。

L601

ひとまず、信じない
——情報氾濫時代の生き方

押井　守 著

世界が認める巨匠がおくる幸福論の神髄。ネットが隆盛し、フェイクニュースが世界を覆う時代、何が虚構で何が真実か、その境界線は曖昧である。こういう時代だからこそ、所与の情報をひとまず信じずに、自らの頭で考えることの重要さを著者は説く。幸せになるために成すべきこと、社会の中でポジションを得て生き抜く方法、現代日本が抱える問題についても論じた、押井哲学の集大成とも言える一冊。

L613

英国公文書の世界史
——一次資料の宝石箱

小林恭子 著

中世から現代までの千年にわたる膨大な歴史資料を網羅する英国国立公文書館。ここには米国独立宣言のポスター、シェイクスピアの遺言書、欧州分割を決定づけたチャーチルの手書きメモから、夏目漱石の名前が残る下宿記録、ホームズへの手紙、タイタニック号の最後のSOS、ビートルズの来日報告書まで、幅広い分野の一次資料が保管されている。この宝石箱に潜む「財宝」たちは、圧巻の存在感で私たちを惹きつけ、歴史の世界へといざなう。

L624

日本の美徳

瀬戸内寂聴＋ドナルド・キーン 著

ニューヨークの古書店で『源氏物語』に魅了されて以来、日本の文化を追究しているキーンさん。法話や執筆によって日本を鼓舞しつづけている瀬戸内さん。日本の美や文学に造詣深い二人が、今こそ「日本の心」について熱く語り合う。文豪たちとの貴重な思い出、戦争や震災後の日本への思い、そして、時代の中で変わっていく言葉、変わらない心……。ともに96歳、いつまでも夢と希望を忘れない偉人たちからのメッセージがつまった対談集。

L638

中学受験「必笑法」

おおたとしまさ 著

中学受験に「必勝法」はないが、「必笑法」ならある。第一志望合格かどうかにかかわらず、終わったあとに家族が「やってよかった」と笑顔になれるならその受験は大成功。他人と比べない、がんばりすぎない、子供を潰さない、親も成長できる中学受験のすすめ——。気鋭の育児・教育ジャーナリストであり、心理カウンセラーでもある著者が、中学受験生の親の心に安らぎをもたらす「コロンブスの卵」的発想法を説く。中学受験の「新バイブル」誕生！

L646

安彦良和の戦争と平和
―ガンダム、マンガ、日本

杉田俊介 著

『機動戦士ガンダム』の生みの親の一人であり、マンガ家として歴史や神話を題材にした傑作を世に問うてきた安彦良和。『宮崎駿論』などで注目される気鋭の批評家が20時間にわたって聞き取った、「ガンダム」の神髄とマンガに込められたメッセージとは？　２０１９年は『機動戦士ガンダム』テレビ放送開始から40周年。戦争・歴史マンガの多彩で豊饒な作品世界、日本の歴史、あの戦争、いまの社会――。40年を超える、過去から未来への白熱討論！

L647

日本人が勘違いしているカタカナ英語120

キャサリン・A・クラフト 著
里中哲彦 編訳

カタカナ英語とホンモノの英語のあいだには、案外深い溝がある。以下、すべてつうじないと知ったら、驚きませんか。モーニングサービス、ガッツポーズ、ペットボトル、ケースバイケースだ、マンツーマンで、リアクション、ノルマ、ブランド品、ライフライン、ポリシー、イメージチェンジ……。本書は、だれでも知っているカタカナ英語を手掛かりに、自然な英語表現を学んでしまおうというもの。英日両語の達人二人が、楽しく伝授します。

L650

観光亡国論

アレックス・カー＋清野由美 著

右肩上がりで増加する訪日外国人観光客。京都を初めとする観光地へキャパシティを超えた観光客が殺到したことで、交通や景観、住民環境などで多くのトラブルが生まれた状況を前に、東洋文化研究家のアレックス・カー氏は「かつての工業公害と同じ」と主張する。本書はその指摘を起点に世界の事例を盛り込み、ジャーナリスト・清野氏とともに建設的な施策を検討していく一冊。真の観光立国となるべく、目の前の観光公害を乗り越えよ！

L653

教育激変
―２０２０年、大学入試と学習指導要領大改革のゆくえ

池上　彰＋佐藤　優 著

２０２０年度、教育現場には「新学習指導要領」が導入され、新たな「大学入学共通テスト」の実施が始まる。なぜいま教育は大改革を迫られるのか。文科省が目指す「主体的・対話的で深い学び」とはなにか。自ら教壇に立ち、教育問題を取材し続ける池上氏と、「主体的な学び」を体現する佐藤氏が、日本の教育の問題点と新たな教育改革の意味を解き明かす。巻末には大学入試センターの山本廣基理事長も登場。入試改革の真の狙いを語りつくした。